「借金大国日本」の再生に秘策あり

再復刊

消費税を3%にすれば国民はよみがえる

森下正勝
MORISHITA Masakatsu

文芸社

※本書はコロナで疲弊した国民に今こそ読んでほしい本として、２０１５年1月に文芸社より刊行し絶版になっていた『「借金大国日本」の再生に秘策あり　子孫に負債を残さぬ［平成大改革］』を復刊した、『「借金大国日本」の再生に秘策あり　消費税を３％にすれば国民はよみがえる』（２０２０年11月刊）を再復刊したものです。

「借金大国日本」の再生に秘策あり

消費税を3%にすれば国民はよみがえる●目次

自分の小学生・中学生時代は、時間は無限だと思っていた。

祖父母がいる、父母がいる、弟がいる――。

いつまでも自分は子供で、父母はそのまま変わらずに働いている。祖父母は雑仕事に家事にとクルクルと動き回っている――。

外に出れば、友に囲まれ、一幅の絵のごとくに時間は永遠に止っていた。

そんな時間がのどかに絵のように止まっていてくれたのは高校の頃まででであっただろうか。

やがて時間は動き始め、祖父母は亡くなり、父母はいつの間にか老齢化していた。自分は働かなければならない環境の変化を否応なしに自覚した。

いつまでも花は咲いていなかった。風も吹けば秋も冬も来る。

そして、あっという間に四十年の歳月が流れ……。

やがて人生も最終段階に入ったのを感じ始めると、自分の人生はこのままでいいのか。日本の将来はこれでいいのか。そして世間に、日本に、世界へと目を配るようになっていった。

今まで生かしてもらった日本国に恩返しをすべきではないか。そんな想いの中で、私は『マッカーサーの占領政策は本当に日本を再生させたのか　1945年より日本人の心は変えられてしまった』、そしてさらには『東京維新　国の台所事情をわかりやすく解説』を出版して世に問うてみた。

少しでも、私の書を読まれた方が立ち止まり、次なる行動を起こしていただいて、日本の国が明日（あす）につながる一助になってくれればと思ったのでした。

また、これでいいのか日本、借金国債だらけの日本、大赤字の日本、堕落した国家官僚たち。二〇一二年度では約40兆円前後の税金収入なのに、90兆円以上もの国家予算を組む官僚の愚（ぐ）！

大赤字の国「日本」。民間なら、少しの赤字でも出そうものなら銀行はすぐに融資をストップするのに。それなのに相手が国家なら借り入れの国債1100兆円超でも、お金を平気で貸す。それが現実に堂々と白日の下に行なわれているのです。私はこの蛮行に対して大きな疑問を持ちました。当然、国債の元金と金利は10年経てば償還しなければなりません。その返済金とは我々庶民、国民から、税金として吸い上げたものなのです。我々国民は国のトップから見れば「財源」なのです。何と不名誉な呼ばれ方なのでしょうか。この異常な赤字国債の発行状況は財政法第4条に大きく違反しています。

国民と呼ばれるなら、精一杯働いて得た貴いお金を国に納税したら「ありがとうございます」の一言でも掛けてもらいたいものです。我々からの税金をもらって生きている議員や役人（公務員）などの人々には一切勲章なぞ、不要です。彼らは役人になって税金で養ってもらっている身、何故、ご褒美の勲章をあげなければならないのでしょう。ご褒美を上げるなら、国家生存のためと多額の納税をする者にこそ上げるべきです。


ですから私は、この本で国債のあり方、公務員のあり方、税金の使われ方を研究し、それを説明して、増税のない明るい日本になって欲しいと、の思いで本書を再び書きました。

では、明日の明るい日本になることを期待して、序章に入りたいと存じます。

序章　日本国は税金だけで運営されているのか

今日の日本の経済を見ると、早急に再生しなければならない事態にあるのは明白。

何故なら毎年毎年、借入れで国債を50兆円以上も発行しているからだ。その圧迫をひしひしと感じながら生きている一人として、ここは是が非でも国家改革をやらなければ、日本の国は右肩下がりの下降線を辿って行くだけ。

では、一体日本国の台所事情はどうなっているのか。

実は、国の歳出は、次の二つに分けられています。

一般会計は税金、

＋

借入金（国債）等で構成される。それに
特別会計は政府が運営している企業群に支出されている。

このうち特別会計の企業群は赤字が多く、毎年不足金として50兆円以上が税金の中から補助されている。しかも、その各企業別の貸金の明細が不明なのです。

こんな現状ですが国債を発行せず、何とか借金なしでやっていける国にするには？

このままなら、国債の急落で株式市場や銀行は大混乱をきたすだろう。結果としてインフレーションになるだろう。そうなれば沢山の企業が潰れることは必至。

それを回避するためには何をすべきか。

私が提案する「論理」とは公務員を極力減らして、特別会計企業群を廃止、そして払い下げをして、民間人として働いてもらうことです。当然のこと民間人として納税してもらう。そうすることによって現在５０００万人しかいない民間の納税者を６０００万～７０００万人に増やせるのではないか。それともう一つ、公務員共済年金にはものすごく税金を使っている。国民と同じにするために廃止すべきです。その結果、毎年毎年特別会計で発生する50兆円の国債も軽減できるし、それが常套な方法だと思うのです。

何も現在働いている人間を解雇するわけではないし、政府は特別会計企業群の売却益は残るし、毎年特別会計の赤字分50兆円の責任はとらなくてもすむし、我々国民にとってはいいことずくめなのです。

毎年、増税するとの話題でにぎわうことの一助にもなるというものです。我々の実感として、いっぱい税金を取られても、自分たちのために納める税金なら納得もするが、こうもあからさまに公務員の月給になってしまうと思うと腹が立って収まらないのです。

読者の皆さん、17頁の図をじっくりご覧ください。ゾッとしませんか。10年も先の税金（国債）も公務員の給料になってしまうんですよ！

こんな国家財政——一般会計を国民として、恐ろしくありませんか。

一般の家庭なら、自己破産は必至、家族離散ですよ！

「お金が足りない——増税だ」の掛け声ばかり。国民はもう聞き飽きました。でも無能な政府のツケは容赦(ようしゃ)なしに襲ってきます。

11年目は1年目に発行した税金の前借りである国債を返さなければならない。そうすれば、実際に使える一般会計は半分の40兆円になってしまうのです（仮に税収40兆円とすると、国債発行45兆円）。40兆円で日本の財政がやっていけると思いますか？　来年も来る年も国債を追加し発行していかないと、日本の財政はやっていけないのです。

10年目も20年目も21年目も国家予算は40兆円でやっていかなければならないのです。やっていけないからこそ10年先にまた増税が実施されるんです。この増税ゲーム（ここ10年～20年）は日本国の破綻するまで続けられるのですか——。

どうします、国民の皆さん。こんなに借金を積み上げたら近い将来、国際化される国債、証券の暴落、株の暴落、倒産企業の増大で、日本はメチャクチャになるのです。

のっけから、脅かすような話ばかりしてごめんなさい。でも、じっとしていられないのは私ばかりではないはず。お伝えしなければならないことが山積(さんせき)なのです。

国債の累積　　国債発行状況

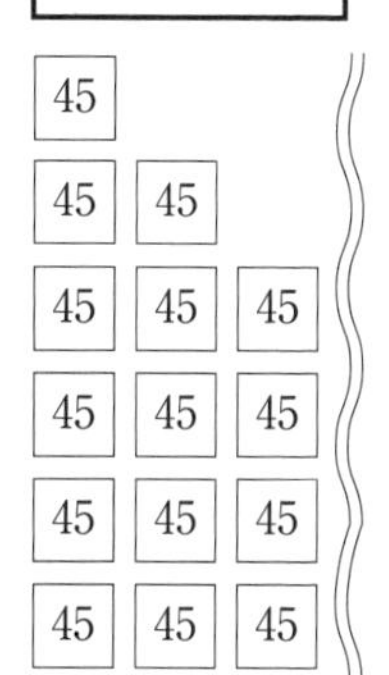

満期が10年の国債ならば
10年目には45兆円が10倍に
積み上がるのです
いくら銀行が買い支えするといっても
もう無理でしょう

元金を返済に回すから40兆円で
1年間を賄（まかな）わねばならない

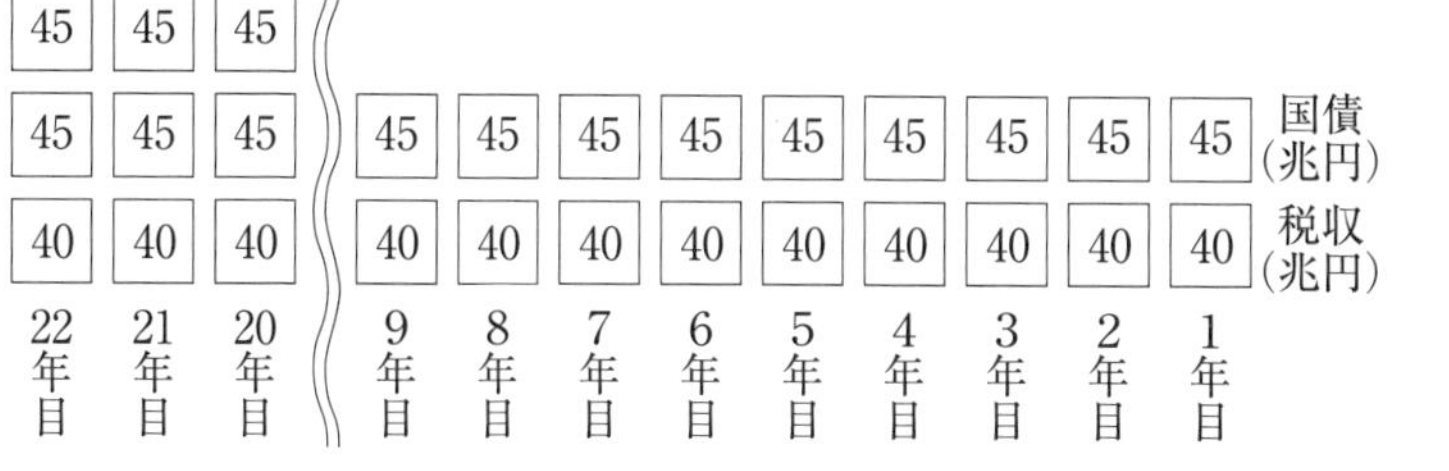

まあ、これからじっくり章に分けてご説明していきましょう。

またこれから、追い追い説明します国債の数字を見たら、国債とは国民にとってどれだけ恐ろしいものかお分かりになることでしょう。平成26年には3パーセントの消費税の値上げで大騒ぎしていましたが、45兆円の国債発行については国民はおめでたくもスルーですよね。これは財務省主導で、国会を形ばかりの審議で通過するのです。しかもマスコミもなぜか全然騒がない。一体どうなっているのでしょうか？　日本の国民はやれ、マー君だ、オリンピック開催だと大ハシャギしていますが……。

この一大事のピンチを修正する唯一の秘策があります。そうです。特別会計です。

特別会計の企業群を民間に払い下げて、一般労働者と同じ扱いにするのです。○○公団、○○機構、○○独立行政法人、○○研究所、ＮＨＫ、国立大学、公務員共済年金など……これらの全てを払い下げて、私企業にするのです。売却すれば益が出るので毎年の補助がなくなる。今、これらには特別会計という名で我々の税金が年間50兆円～52兆円くらい補助に使われています。この特別会計企業群のことについては、政府はなかなか公表しません。そこが天下りの温床にもなっているからでしょうか。

我が国から特別会計がなくなれば当然、税金の天下り公務員を一掃できるのです。

これは国民にとって、大きな利益になります。また、これらの人々は国民にやっているんだという困った人たちの集まりです。そこを株式会社＝受益者負担の会社にすれば、国民には関係なくなる。会社が努力しなければ当然倒産ですから。
特別会計には50〜52兆円の税金または国債の補助金が出ています。と特別会計（ほとんど利益感覚のない人たちの集団が経営しているのです）の資料に載っておりました。（平成24年財務省発表）
今、我々の日本国は存亡の危機なのです！　日本国の台所から悲鳴が聞こえます。血を流してでも、この無駄使い企業群を国家財政から切り離しましょう。そして、再度、健康な日本国を創ろうではありませんか。詳細は第一章から順に述べていきます。
では、まず日本を再生するためには、ここで過去の日本が経済の再生をなしとげた事例を纏（ひもと）いて、日本の歴史を調べなければなりません。

＊

その再生への道は苦難の道であり、動乱より始まった――。

動乱は一八五三年（嘉永六年）、アメリカの黒船来航より端を発している。当時日本は封建国家であり、各藩自体が自治権をもっていた。アメリカが、イギリスが、ロシアがやって来ると、当時弱り始めていた幕府の対応は難航をきわめた。長い間伏せられていた尊王、そして鎖国を続けるという攘夷。相反する二つの思想が錯綜（さくそう）する中、長州がいち速く京都で乱を起こし、各地の脱藩志士たちも各々（おのおの）勝手な行動をとり、京都は手のつけられない状態となっていった。そのあとで「安政の大獄」が起こり、各藩の活動家が大量に処刑されてしまった。長州の吉田松陰はその犠牲の最たる人であった。そして翌年、今度は一八六〇年（万延元年）に大老の井伊直弼（なおすけ）が登城中に桜田門外で殺害された。世は騒然として激しく乱れ始めた。

一八六四年（元治元年）、長州藩は蛤御門（はまぐりごもん）の変を起こしているが長州には味方もなく、一方的に破れた。

幕府は長州に征圧軍を送るか否かでもめているうちに、一八六六年（慶応二年）、孝明天皇が崩御された。慶応四年になって、初めて薩摩が動いた。サッーと動き、長州と同盟を結び、同時に幼帝（明治天皇）を押し立て「錦の御旗」を先頭に鳥羽伏見の戦いを起こした。ついには幕府側を初めて討ち破った。しかもその勢いは止まる所を知らず、東へ東へと軍を進めた。

「錦の御旗」は他藩を寄せつけず、江戸まで到達したのである。西郷隆盛を総大将に、江戸に着いたのが今から一五〇年前のこと。

西郷は日本六十余州の殿様の権益を取り上げ（版籍奉還）、武士に廃刀令を出し、特権を奪うという大それたことを行って国の危機を救ったのです。

地方分権ではなく、中央集権国家にしなければ世界の国々に対抗できない。また、そうしなければならない世界情勢でもありました。

しかし長く続いた地方分権の封建制度の破壊は余りにも急激すぎて、前途は困難をきわめた。しかし中央集権の日本国を創らねば、外国に潰(つぶ)されてしまう。

「西郷隆盛は殿様の権益を奪い、武士の権力を潰した」という批判が集中。その全責任をとって、中央での全ての権力を捨てて西郷は薩摩に一人帰った。そして一八七七年（明治十年）九月、城山において、西郷隆盛は自決して散った。

まさに「男の花道」であった。

西郷の盟友(めいゆう)の大久保利通に、地方分権から中央集権への道を託しての行動だった。

大久保は西郷の意を受け、新生明治帝国への道を一心に直走(ひたはし)った。

ところが、悲しいかな、大久保利通も翌一八七八年（明治十一年）に西郷の後を追うごとくに、暗殺されて消え去った。

第一章　待ったなし！　日本税制を立て直せ

すっからかんの米蔵

話は少し時代が戻りますが――。

長州・薩摩の武士を中心に錦の御旗を押し立てて、京都から東へ東へと進んで行く。途中の戦いも多々あった。しかし西郷隆盛の率いる薩摩軍と大村益次郎の率いる長州軍他多数の倒幕軍はついに江戸に辿り着いた。

(『花神』司馬遼太郎より)

その後、西郷隆盛と勝海舟の話し合いにより、江戸城は無血開城が決った。城に入ってみると幕府はここまで疲弊(ひへい)していたのか、と暗澹(あんたん)たる思いになった。二百六十年~七十年のかつての幕府の威容はどこに行ってしまったのか。みんな一様に驚愕(きょうがく)の思いであった。金蔵には一銭の金もなく、米蔵にも一俵の米も残っていなかった。

江戸城はまさに空き家の巨人であった。その巨人を見ながら、ここまでくる年月と多くの戦いがあったことに思いを馳（は）せた。

まず長州と京都所司代、そして新選組の激しい内乱は京都から発した。その乱は長い長い戦いであった。

発端に一八五三年（嘉永六年）の「黒船の来航」、そして一八五八～九年（安政五～六年）の「安政の大獄」があり、長州他の脱藩の志士たちを狂わせた。そしてさらには日本という国の在り方にも大きな問題を投げかけた。今は地方分権の各藩体制の時ではない。日本の国が一丸となって、対外国で戦う時ではないか。そんな思いを各自の胸に秘めながら、城に入っていった。

西郷隆盛、大久保利通、大村益次郎、木戸孝允（たかよし）（桂小五郎）他、多数の志士たちが顔を合わせ、今後の策を考えた。

京都より始まった倒幕は、この江戸に来て、何もない江戸から経済を成長させる。それが一番最初の仕事ではないか。大隈重信、渋沢栄一を加え、いかにして日本の経済を成長させていくか。それが日本統一、新生明治政府の一番の仕事ではないかと。

その例が第三章の大久保利通、大隈重信の経済戦略。そして、第九章の上杉鷹山（ようざん）率いる米沢藩の藩民全員で働いて勝ち取った藩政の改革です。

これらがこれから本書で私の唱える「国家改革」です。国民全員が「公」もなく、「民」もなく働き、国民全員で日本の財源を生み出すことです。国民の公務員が、かつて藩民のためにあった士族が、決して甘えてはいけなかったように。

「自分だけ、自分だけは特別でいいんだ」

この言葉、この思いは禁句です。

ここで話は飛びますが、戦後の復興（一九四五年〜）から現在まで、財政が何故大赤字になったのかの過程を追っていきます。

戦後の安定期

五五年体制（昭和30年〜）による保守合同、それが自民党政権、日本の安定に繋がった。ところがそれに欲を出し自民党だけで政治をやろうと、平成六〜七年頃から中選挙区（3〜5人当選）から小選挙区（1人のみ当選）の制度に変えることによって、より自分たちだけで勝手な政治が出来ると思ったのでしょう。しかし、私はこの小選挙区制は弊害の方が多いような気がします。

その理由はまず、新人は地盤も知名度もなく、選挙に出にくくなったからです。そのため親の跡目を継いで二代目、三代目とバカな国会議員が続くのです。そう、悪名高き世襲です。それともう一つ、上を見て出馬をねらっていた官僚は、当選の確率が低くなったので、危ない橋は渡らないと、天下り専門の私利私欲の者ばかりが育ってきてしまったのです。

それをもう少し説明すると、時を同じくして国債の発行が一気に30兆円超えの時代に突入していったのです。要するに政府の抑えと政治家に役人をニラむ力がなくなってしまったのです。その結果、官僚主導の「自分だけ良ければいい」の暗黒の時代になってしまったのです。

まさに楽な暮らし、楽な余生を求めるような志のない者ばかりが日本の代表である国会に、官僚にと集合してしまったのです。こんなことは到底許されることではないはずです。私たちは、今、先人たちの歩んだ道を思い起こす時なのです。

私が言っていることは、「T大法学部を出たから、官僚だから、公務員だから、楽な暮らしが待っているんだ」なんて絶対に許してはいけないということです。

我々職人は仕事があれば、土曜でも日曜でも現場に飛んで行くんですよ。雨が降った日、仕事のない日は日当を稼げないのです。悔しいけど仕事がなければ1円の収入もない。ところが収入がなくても、1日1万円は家族が生きるために、命をつなぐために掛かるんです。

こんな気持を一年に何十日も有給休暇がある公務員、官僚、大企業の従業員さん、少しでも感じたことがありますか?

話はチョッと飛びますが、20年前までは定期預金の利率は年間5パーセント〜6パーセントでした。今ではもう夢の話ですが「1億円を預金すれば遊んで暮らせる」、そんな言葉が当時はまかり通っていましたよね。ところが二〇年後の昨今は年利は0・1パーセントが当たり前。

あの頃は1億円を銀行や郵便局へ定期預金にすると、利率が5パーセントで500万円の利息がついてきたのです。ところが今では10万円にしかならない。一体、どうしたというんですか。

この20年の間に日本に何があったのか

そうです。あったのです。

昭和六〇年から平成三～五年にかけての株価や地価の上昇、それはもの凄いバブル景気でした。それが一転して、バブルがはじける（昭和六〇年～平成二、三、四年がピークで、その後、バブルの破裂が広がっていって、株価・地価他あらゆる投機モノが大暴落した）と、各企業（株や土地に手を出していた）がバタバタと倒産し、銀行群のどこもが貸金は不良債権化してしまい、やっていけない状態になったことは皆さん、ご存知ですよね。そこで政府の出番。国債を日銀に引き受けさせて、その現金を銀行に配り、倒産を防ぎましたよね。

その結果、とりあえず、平成二～三年のバブルの被害から銀行のみは救済することができました。

その時は日本の国債は現在のような異常な発行額ではなく、20兆円ほどでした。それで銀行が救えたのです。

その頃の国債発行までは、一般民間人の預金利率は5〜6パーセントあったのです。しかし、そのまま高金利の利息をつければ、銀行が潰れる、企業が連鎖反応で潰れる。そのために有名な日銀の貸出金利0パーセント政策を打ち出したのです。今までは日銀の貸出金利は2〜3パーセントであったのが、0パーセントという金利政策を打ち出したのです。当然企業を守るためという名目でしたが、犠牲になったのは国民でした。何度も言いますが、1億円の預金で1年に500万円の利息がついたものが、一挙に10万円になったということは、国民への分配率は百分の一にも二百分の一にも減ったのです。

「こんな政策はきっと長続きしない」と国民誰しもが思ったと思います。しかし結果は大違いでした。日本の政府の政策は「経済活性化」の名目で、あちこちに経済政策を実行したのです。池田勇人、佐藤栄作総理大臣時代とは大きく違って、増額につぐ増額を続けました。ですから毎年毎年20兆円〜30兆円と国債を発行し、それを日銀に引き受けさせ、国家予算と借り入れ金を増大させていったのです。

不思議なことに、その国債を日本の銀行である三井住友・三菱東京UFJ・みずほが、また中小の銀行が買い取ったのです。日本中に勢いのない企業が多くなり、銀行は金を貸さない。余ったお金で政府の発行する莫大な国債を買って、国に恩を売りながら、その金利を稼ぐ、手を汚さずして、政府から利息をもらうシステムを作り上げてしまったのです。政府～日銀～銀行のあの悪魔のトライアングルです。今の日本企業の所得ベスト10には右の三銀行が上位に鎮座し、生産会社はその下にへばりついている状態なのです。

そして国債で得たお金で政府は特別会計の企業群をドンドン増やしたのです。お蔭で日本国の借金は増えるばかりです。ところが、日本政府は国債を銀行や生保損保会社が買い取ってくれますから、この先、節約とか人減らしの話は一切なくなってしまったのです。

私は日本を守るために再度言います。上杉鷹山(ようざん)の行った政策、大久保利通が明治政府を創った道筋を忘れてはいけない。「自分だけ良ければいいんだ」では日本は破滅です。

それではどうすればいいのか――。

特別会計の企業群を全てなくして、一般企業にすればいいのです。その結果として潰れる特別会計の企業があってもいいでしょう。危ないところはドンドン広告や企業努力で生き残れるようにするのが資本主義です。今現在、日本政府は鬼となってでもこの特別会計企業群の解体をやる時ではないですか。

ＮＨＫもＴ大学も日本年金機構も農業研究所、公務員共済年金もみんな私企業に任せて、健全財政の国日本を創ろうではありませんか。この公務員共済年金の運営にも税金を全額使っている。公務員は公僕で、特別な人間ではない。共済年金は廃止して国民と同等になるべきだと思いませんか。ですから民間の保険会社に任せればいいのです。

今の特別会計に、いろいろな形で50兆円以上のお金を国民から吸い上げているのです。これが日本のためだなんて到底思えません。日本を壊しているだけです。

それを私はブッ壊さなくてはならないと思うのです。

そのためには大きな抵抗があるでしょうが、官庁の公務員の方から実行すべきです。血も流れるでしょう。しかし、今やらなくて、いつやるのですか。

私は日本人の一人として、命を懸けても、何としてもやらなければならない緊急政策だと思うのです。

では具体的に私が命を賭して、日本国を救うために考えていることを話させてください。話を現時点に戻しましょう。

休日などにヘルメットを被って、みなさんは自転車に乗って、健康維持のためでしょうか、走っていますよね。よく見掛ける光景です。あれを見ると、自分が悔しくてしようがないのです。せめて我々日当で働く人間と、休んでも給料が払われる人――この労働の密度くらいは、同じにしてもらいたいのです。私が国の指導者だったらそうします。何で公官庁関係の労働者、従業員は我々と違うのでしょう。働かない日も給料が入るのでしょうか。小泉政権の時、大幅に休日を増やしましたよね。でも、休日が1日増えるごとに、日給以外の人の給料が減ったという話を聞いたことがありません。

労働基準法で対応される人々と、我々建築業のように日雇契約に属する人々とは、「日本人の格」でも違うのでしょうか。

その辺りの悪い役を我々個人業主とか、非正規雇用者とか職人に押し付けているように思われるのです。これには不満だらけです。

いつも競争に晒されている私たち中小企業や小売業者、職人は吹けば飛ぶような人々なんです。でも、こういう人々が懸命に働いて生活をし、税金を納め、日本の伝統・労働の文化を伝えているんです。国を支えているのは休日に給料の支払われない我々のような人だ。その労働者も今では高齢化しています。1億2千万人の人口のうち、5000万人程度が働いて納税しています。こんなに少ないんですよ。

私は子供の時、「社会に虐(しいた)げられている職人を、大きくなったら自分が職人になって守るんだ」と決心。この心意気は71歳の今でも持ち続け、職人をやっています。

くどいようですが「自分さえ良ければいいんだ」の公務員、官僚たちも特別会計がなくなって、一般企業になれば、利益採算が合わなければ倒産してなくなるし、利益採算がギリギリのところは、生き残ろうと必死に企業努力をして存続をはかるでしょう。それが当り前の社会常識なんです。その当り前の常識に戻りましょうよ！

この話を具体例をあげて説明しましょう。次の表を見てください。

㊫（公務員）	㊗（民間企業）
市バス・都バス	神奈川中央バス・東急バス
市営地下鉄	京浜急行
都営地下鉄	東急電鉄
ゴミの収集	ゴミの収集

㊫のする上段も㊗の下段も何ら仕事内容が変わるものではないでしょう。運賃も全く同様です。それなのに㊫には雇用保険・退職金・公務員の上乗せの共済年金までついて

いるのです。そもそも公僕には我々庶民が納めた税金が給料となり、年金となる。その公僕の給料・年金が我々納税者よりはるかに高くもらっている、ということは一体どういうことですか。

しかも、これらを公務員が払っているとでも思っていますか？ とんでもない、これらは元は全額税金で払っているのです。

職業安定所の守衛のおじさん、学校給食のおばさん（1日4〜5時間しか働かない？昼食だけですものね）と比べて交通整理のガードマンや、そば屋のおばさんのやっている仕事の内容は変わらないのに、給料では倍も違うんです。

夜遅くまで働いて、労働内容に比べて給料などの報酬があまりにも不平等すぎませんか。

特殊法人のＮＨＫも他局と同じように民営化して、頭を低くして広告収入を得る営業努力したら、うんと税金は助かるし、ＮＨＫ関係の納税者がぐーんと増えるのに。

我々納税者にとってもどれだけ助かるか。我々の税金が、前述の表の㊣の企業に渡されるのかと思うと腹が立って、仕様がありません。

政府はずるいですよ。いい格好ばかりしてないで国民に目を向けてください。そして特別会計の企業群は下野してもらい、一般企業として利益採算を優先する企業として働くようにしてください。そして納税もして公務員共済年金も廃止してください。

今、日本は毎年50兆円以上の国債を発行しています。１４４頁にもあるように、イギリス・フランス・ドイツの2倍以上、たった15年間で負債が倍増してしまったのです。そして借金である国債の残高は何と千兆円超です。

前記の国々は食糧自給率もみな１００パーセントなんですよ。ご存知でしょうが日本はわずか30パーセント弱でしょう。この差は何ですか、教えてください、政府さん！


特別会計の話をもう少し続けます。１３８頁の表を見てください。世界の一流大学の評価の順位です。外国の上位の学校はみな私立大学ではありませんか。

工夫を重ね、お金（授業料）を払い、お金の大切さを身につけ、勉強し、研究して他人の気持の分かる学生が卒業していくのです。それがどうです。我が日本の大学（国立）は至れり尽せりで、この体たらく。毎年、世界の30位とか57位とか……。そのトップが日本の官僚のトップになるんですよ。しかも国会議員の抑えもはねのけて日本の国策を仕切ってゆく。そして定年近くになれば天下りの連続。彼らも定年になったら民間人と同じように再就職した方がいい。給料は半分か三分の一で雇ってもらえるかもしれません。でも役人はずるいから民間企業が嘱託とか臨時社員という名前で給料をうんと下げて定年延長をやっているのを見て、世間は定年延長の高齢者社会に入った、とそこばかりを強調して同額の給料にしてしまうでしょうね。それも何だかんだと理屈をつけて……。

とにかく公務員共済年金や特別会計企業群を廃止することこそ、国民の労働を平等にすることであり、それがまずスタートです。そして現在５０００万人しかいない納税労働者を、何としても６０００万～７０００万人に増やそうじゃありませんか。この「国家改革」を日本再生のために是非ともやりましょう！

今、世界の統計の１１２頁および１５５頁の図を見てもお分かりの通り、日本は世界の断トツのビリじゃありませんか。ここ15年間、衆議院が小選挙区（１人区）になり、機を同じくして、国債の発行額は凄い数字になり、債務残高も飛び抜けて増加しています。

まったく議員の抑えがきいてないということですね。

「子供が少ないし、年寄が多い」なんて官僚が言い訳をしているけど、そんなこと10年も20年も前から分かっていたことでしょ。役人さん！　エリートの官僚さん！　そして子供は10～20年経たなきゃ働くようになりません。分かり切ってたことでしょう。その前に手を打たなかった役人官僚の重大なミスでしょう。

●相続税の大罪

後で詳しく述べますが、今日までの相続税の継続で緑の山を壊し、大家族制度を壊し、核家族にしてしまった政治家も悪い。また、教育も自由に片寄りすぎて、家族の大切さを教えていない。お蔭で核家族では家族を守り切れない。社会保障費はここ10年間、核家族の増加と正比例して顕著に急増してます。

この悪税も必ずや日本の国の伝統や文化、いや国の形さえ破壊してしまうでしょう。

●国立T大法学部出の官僚は不要

明治一〇年頃は確かに封建国家から法治国家にするために、国立大の法学部出身の官僚は必要でした。しかし今や彼らは、自分の行方（ゆくえ）・利益のみしか見ていない輩（やから）ばかりで、まじめに汗を流して、一週間のうち6日間働いている日払い労働者が税金を納めている事実を考えたことがあるのでしょうか。きっと「労働基準法通り」と答えるでしょう。でも労働基準法で日本の台所が守れますか。私企業は利益があれば守れます。しかし、中小企業は労働基準法が保障するような経営実態では利益は出ません。

法律が我々日払い賃金労働者と大きく乖離しているから言うんです。公務員や販売価格を自社で決めることの出来る独占・寡占の一部業者は、労働基準法に、確かに従うことが出来るでしょう。その法律の原案はほとんど我々労働者の意を汲んだものではなく、T大法学部卒の官僚が下ごしらえをして、それを政治家に渡している。だから我々の気持なんか全然分かってない。現状をまだ把握していない机上のプランなんです。

それと教員と日教組と県や市町村の教育委員会のトライアングルも人事権を持ってしまって、他組織（自治体の事務職や校長）に渡さない。これも厳しい。正常に機能するための人事環境に置かないと日本の教育に大きな障害となり、今の日本の教育にはダメージが大きすぎる。とりあえず学校の校長に人事権を与え、教育委員会は先生を守る砦ですから人事権を校長に渡して、よい先生はよい先生、悪い先生は悪いのですから校長の判断で辞めさせる。そうしないと学校のレベルは日教組のレベルまで下がってしまう。今現在、私立の中・高がドンドン伸びているのは先生の選別人事権が校長または理事長にあるからで、先生は緊張して校長の意見は聞くし、行動する。ですから私立学校は伸びていくのです。またさらにおかしいのが、最近の我が国の教科書の日本史の記述に他国から注文が入ることです。これでは日本史ではない。自信を持って日本の国を、日本人だと胸を張れる国史を、日本人が見た日本の歴史を教えましょう。そんな教育になってないのが最大の欠点です。どこに自国の教育にまで外国から口をはさまれ、批評されるところがありますか。

もう一言付け加えます。それは固定資産税が世界一高すぎることです。だから「貸家を建てて自分の資産を守りましょう」と、まことしやかに税理士だ、行政書士だ、弁護士だが相談会を開いて声高に勧めます。実はこの裏で糸を引く建築業者やアパート業者がいるのです。それも10年もすればガラガラの空き家が並ぶのが現実なのです。一方、それに弓を引くような役所による公営のアパート建築。これ全部費用は我々の税金ですよね。資産を守ろうとして作ったアパートが、市・県の税金で作った安い家賃のアパートに駆逐(くちく)されてしまうのです。これって、一体何ですか？　もう我々の税金をつぎ込んで、公営アパートを作っている時代じゃないでしょう。50年前の戦後の時代に住む所がなくて作ったものならいざ知らず、今ではそれらの古いアパートをメンテナンスすれば充分なのではないでしょうか。

また、都市圏やその近郊地などでは固定資産税や相続税も同じですが、どこからもお金が入ってこないのに、たまたま家屋敷が広かったり、裏山があったりするだけで固定資産税がタップリ掛かってくる。これはきっと日本政府の政策で、「自然を壊してお金に換えろ、自然環境を壊せ、地球を壊せ」との政府の悪い政策としか思えないのだが……。皆さんはどうお考えですか。

もう少し耳を貸してください。

まず、ここで御礼を言わせてください。

これは私の苦言でもありますが……。

某党の候補者が「私は歯科医です。国政に参加して医療保険を守ります」なんて言ったので、トタンに頭にきて戸外に飛び出ました。平成二五年七月五日の話です。

実は私も、もう我慢の限界、これ以上放っとけない。何とか持論をテレビや街頭で訴えなければいられないと、突然に自分一人で無所属で参議院に立候補してしまいました。国会議員は本来、日本の国土・日本の国民を守ることが仕事でしょ。それがこの人は自分のことだけしか政見発表で話していない。日本のことを考えない、自分のことしか考えない政治家――そんな者は不用です。孤軍奮闘した私の選挙の結果は遅い出馬表明の割には、ビックリするほどの票が頂けました。四万票弱でしたけどね。

御礼の言葉を「ありがとうございました」と紙上をお借りして言いたいのです。

平和ボケしている池に確実に一石を投げ込んだ気持です。

それから政治の話が出ましたので、もう少しつけ加えさせてください。ジョン・F・ケネディ大統領のあの有名な?伝説です。

二〇一三年十一月、奇しくも氏の娘さんのキャロライン・ケネディさんが日本へ駐日大使として赴任されました。

話は古くなりますが、父親のケネディ大統領と日本の記者団との会見があった時、ある記者の質問、

「日本で一番尊敬の出来る人は誰ですか」

に対して、即座に、

「ウエスギ ヨーザン」

と答えた世界の指導者！ ケネディ大統領は国の再建ということを凄く勉強したんだな！ ハーバード大学歴史学科卒。たいしたもんだと思いました。当時、日本人でさえ、

「ウエスギ ヨーザン」なんて知っている人も少ないし、ましてやどんなことを成し遂げた人かさえ知らなかったのに……。

それに比べて日本の官僚の小さいこと。でもその環境を許している日本人も悪いと思う。アメリカ大統領なんか大統領が辞めればスタッフ（高級官僚たち）も当然全員辞めて他の仕事を捜し、転職の準備。そのくらいの覚悟で、職務に当って、行動しているのだから、絶えずアメリカは新しいのだ。新しいパワーが生まれてくるんだ。

この大統領（首相）交代のルールはぜひ日本にも導入してもらいたい。終生、国家官僚で何の進歩もない人間は不要！　他の職に就いたら、そこのエキスパートになれるように普段から勉強して欲しいものです。

第二章　封建時代とは明るい地方分権の時代だった

四公六民（しこうろくみん）とは

「オーイ、お代官様が来たぞ」

「また年貢（ねんぐ）の取り立てだ。今年は日照（ひでり）続きで、いつもは１００俵穫（と）れるんだが、今年は80俵しか穫れねぇ」

「どうするべぇ」

「去年は40俵納めたが今年40俵納めたら、おいらの食扶持（くいぶち）が少なくなってしまう。どうすべぇ、困ったなあ」

「ワーッ、お役人様が来た」

「去年は40俵だったが今年は、お殿様の都合によって45俵を納めてもらう！」

「大変だ……今年はどうすべぇ」

これは皆様もご存知のように江戸時代の農村の風景です。しかし実際は四公六民（四割が殿様、六割が農民）ではなく、年貢は3割5分（米が100俵穫れると、殿様が35俵、農民が65俵）くらいが実情のようです。

これを現代に置き替えてみると、所得税・消費税・酒税・タバコ税・ガソリン税・相続税・市県民税・固定資産税や健康保険料などで国や自治体に強制的に納めているのは39・9パーセント、約40パーセントです。ですから江戸時代と何ら変わらず、却って高いくらいです。

ところで江戸時代と決定的に違うのは税を集める方法です。江戸時代はお米が穫れてから、税金（年貢）を取りに来たのです。

現代簿記ではこれを現金主義と言っています。ところが現代社会で公には「発生主義」を会計上の正式としています。

江戸時代の現金主義とは、お金が入ってきた時を売上として計上する方式です。つまり、収入後に税を支払っていましたね。

ところが現代の納税方式は発生主義で、これは現金が入ってこなくても将来お金が入ってくる権利が発生したら、これを売上として計上するのです。その方が一年間、または一ヵ月の正しい利益が把握(はあく)できるという理論なのです。ですから発生主義で江戸時代の年貢を計算すると、「去年10俵穫れたんだから今年も10俵穫れるだろう」。だから、お米の穫れる前から、

田んぼを耕したら……四分の一
田んぼに水を張ったら……四分の一
稲の穂が出たら……四分の一
お米が穫れたら……四分の一

このように前取り税制が現代は当り前になっているのです――これが発生主義です。

現代の国の徴税システムは企業にはまだ入金もないのに、去年と同額の利益を上げられるものと勝手に「看做(みな)し」て年3回か4回に分けて税金を前払いしなさい、というシステムなのです。

この文章を読んで皆さん、少しおかしいと思いませんか？　結局、このシステムでは納税者はお金を銀行から前借りして、国家に納める形になるのです。

「小企業の法人は15年～20年が寿命だ」と世に言われているわけですが、それも会社が

終わる時には、銀行・高利貸から多大の借入金を抱えて、また各個人からの借金を残して哀れにも倒産をしていくのです。

日本国政府はこれを見て見ぬ振りを決め込んでいるのでしょうか。我々零細職人にはまったくもって許せないことなんです。

江戸時代の税金制度とは

前述したように江戸時代には百姓のみが年貢を取り立てられた事例はよく知られています。しかし、それ以外の税のことについては、ほとんど知られていません。

江戸で暮す町人はどんな税を払っていたのでしょう。

江戸時代初期の幕府は放漫経営であったようです。戦国時代から江戸時代初期までの日本は、世界有数の金銀銅の産出国であったため、鉱山からの収入が膨大で財政黒字が続いていたためでした。お蔭で幕府成立時は天領からの莫大な収入のみで財政が賄(まかな)えていたために、幕府が藩に税を課す必要性はなかったのです。

やがて産出量がピークを過ぎ、鉱山からの収入が減ってきたため、江戸中期以降、財政が苦しくなるのは当然の成行きでした。田沼意次時代、田沼は国税導入を検討しましたが、実現できずに終わっています。

また江戸時代初期までは、各藩が合戦で軍事力を提供する「軍役」の代わりに、幕府の公共工事を藩が手伝う、「御手伝普請」というものがありました。一七四二年（寛保二年）に「御手伝普請」が復活する以前は、全国的に主要な街道や河川などの公共工事費は幕府が自ら負担していました。

幕末に入ると外交や軍事面などで、幕府は外国から中央政府として扱われ、攘夷派浪士や攘夷派の藩が起こした事件に対して、外国から損害を請求されたため、財政は急激に悪化してしまいました。

幕府は権威低下により全国的に税を課したいが、思うように実行できませんでした。勝手に地方独自で「独立自治」をやっていたのが実情であったのですが、全国的に課税した例外が二例だけありました。

その一つが、富士山の宝永四年（一七〇七年）の大噴火で、大被害を受けた小田原藩を救済するために、一〇〇石につき二石（2パーセント）の税を、日本国中の百姓に課した例があります。

もう一つの例が、享保七年（一七二二年）～享保一五年（一七三〇年）の八年間のみ、各藩に1パーセントの税を課したことです。その代わりとして幕府は参勤交代の江戸在勤期を半減することを条件にして実施されました。

この二例が幕府が全藩に行った税の中で主立ったものでした。

話を「御手伝普請」に戻しますが、この御手伝普請は各藩に指名するもので、その御手伝を軽くするために各藩は老中ら幕府中枢に競って賄賂（わいろ）を贈り、指名を逃れる悪癖を残してしまったのです。

余談ですが賄賂を渡さなかった浅野家の忠臣蔵などは、その有名な例です。

では江戸八百八町はどうであったか、今の時代とよく比べて読んでください。

百姓が高い年貢（3割5分～4割）を納めるのに比べると、町人は驚くほどに安かったのです。

●所得税――ナシ

●住民税――ナシ

その代わり町名主は「火消し」「道路工事人」に、町人からお金を集めて渡しました

（幕府ではないですよ）。

●相続税——ナシ

「なんとまあ、住みよい江戸であったことか」

これは他藩も同様でした。豊かな時代だったんですね。ただ町の自治は厳しくルールを作り、治安は町人の責任で守っていた。今日のように警察官はほとんどいなかったわけで、江戸の100万人の人口に対して、南町と北町に奉行所があるだけで、幕府の侍が出てくることはほとんどなかったのです。故に江戸幕府の治安にかける人件費はおどろくほど安く済んでいたことになるのです。

●百姓への年貢

幕府が農民に課した税金は先に述べたように「四公六民」が最高で、どの藩も公は三割から三割五分程度だったのでした。

また一六五一年（慶安四年）、加賀藩が始めたのですが、凶作や天災にあった地域は藩から役人が現地を見に行き、年貢を通常より安くした——この例は以降、各藩も見習って実施していった。

誠に人情のある江戸時代ではありませんか。

他の言葉を借りると封建時代＝なんと厳しい時代だったのか、自由も平等もないと思われがちですが、実際は人情あふれる善い税制度に守られていたんです。我々の想像していたものと違うのですね！

●商人への税

幕府は農民に年貢を課したが、商人には百姓並みの税負担を課するという考えは持っていなかったのです。現在のような法人税や所得税は存在していなかったのです。

酒造業、製油業や質屋などの仲間たちは商売を独占する意志を込めて、独占させてもらうためにお礼として冥加金（政治献金）を適切に納めていたのです。

その他、漁師などは仲間同士でお金を出し合い、運上金の名前で多少のお金が納められていた。

江戸時代の税金制度は以上のようなものでした。現代人から見ると大変にゆるい税制ですね。だから落語に出てくる「江戸っ子は宵越しの金は持たねえ」なんて言葉が本当にあったんですね。

第三章　京都に端を発した明治維新

一見のどかな早春の京散策なれど

二〇一三年の春、京を歩いてみた。その時の感慨を少しお話したいと思う。

まずは祇園から歩いて、大きな通りを渡り、細い二年坂、産寧坂（さんねんざか）を登り始める。右にも左にも屋根の低い小店（こみせ）が軒（のき）を連ねていた。坂の上からは三三五五、人が降りてくる。私は人を避けながら登っていく。清水坂は長い長い登り坂であり、細い道は右から左から入り来る人と交（まじ）わりながら登る。やがて広場に出る。清水の本堂を見上げる。

人が多くなってきたので本堂へのお参りを止（や）めて西の方角に道をとった。ゆっくりとした足取りで降り始めた。桜の季節にはまだ早い、肌寒さの残る京都。舞子さん（妓の字は使わない。年が若いので）が連れ立って坂道を上がってきた。

目の前に広い空間が見える。円山（まるやま）公園である。右手に赤い提灯（ちょうちん）が下がったお茶屋が見えた。料亭風のお茶屋を右手に見ながら、私は左手にそば処が2、3軒並んでいるうちのその1軒ののれんをくぐった。名物の鰊(にしん)そばを注文した。なんとなく鰊は北海道が本場の気がして違和感を感じながらも食べてみると、甘辛い鰊の身は柔らかで骨まで食べられて、おいしかった。

京都円山は平和そのものの風景で、時の流れを忘れるような京の町歩きであった。そんなのどかな気分から一瞬、あることが頭をよぎった。

京の都を舞台に大変革が起こった

歴史の教科書では一五〇年～一五五年前、この京を舞台に歴史の大混乱、大変革が起こったと記しているのだ——。

長州藩の高杉晋作・桂小五郎（木戸孝允）・大村益次郎
土佐藩の坂本龍馬
薩摩藩の西郷隆盛・大久保利通

その発端は長州の志士と京都所司代、そして、所司代に荷担する新選組、皆様ご存知の通り、血で血を洗う乱闘であった。京都所司代では長州を中心とする脱藩の志士の行動を抑えることは出来なかった。幕府は事件の波及を憂い、江戸幕府の組織からは指示を受けない京都守護職を置くことにした。京の帝の守護と治安の維持の重大さを考えてのことであった。

江戸幕府にとっては重大な判断の岐路に立たされていたのだ。

その1年前の安政五～六年（一八五八～九年）、「安政の大獄」を起こしている。長州藩の学問と思想の中心、吉田松陰（しょういん）や福井藩の蘭学者橋本左内や若狭小浜藩の活動家梅田雲浜（うんぴん）など多数が投獄され、そして処刑された。それを恨んで倒幕を計る水戸の浪士たちは翌年の万延元年（一八六〇年）、桜田門外において登城中の大老井伊直弼（なおすけ）を殺害している。

外には外国の軍船が往来し、内は京都の内乱が続き、江戸幕府も慎重に、慎重に行動せねばならなかった。

この地、京都守護職の重責は会津藩にお願いするしかなかった。

ここで少し会津松平藩の説明をしますが、会津松平藩主は二代目将軍秀忠の子で、家康・秀忠の江戸初期の武骨さを幕末まで持ち続けた藩である。隣には上杉藩、伊達藩と強力な藩があり、目を光らせ続けていたのです。

当時最強と言われた会津松平藩、その当主である松平容保（かたもり）とて不安はあった。彼はこの地会津を離れたことがない。それでも京の都へと兵を走らせる。京には血を浴びた長州、戦上手の薩摩、脱藩の志士たち、そして土佐藩などが策謀（さくぼう）の渦を巻いている。その渦中に入って行くことへの不安が募る……。

しかし幕府は天皇＝王城を守る責任がある。天皇の身辺と住居である王城に不安があってはならない。松平容保は文久三年（一八六三年）、千の兵と共に京都に向かった。

では当時、京では何故こんなにまで混乱と戦乱が続いていたのであろうか。そこで時代をもう少し遡（さかのぼ）ってみよう。

一六〇〇年の関ヶ原の敗戦により、中国地方の二〇〇万石の大大名毛利氏が僅か三六万石の小大名、それも西のはずれ長州に移封されたのです。降格されて二六〇年間、恨みの中で過ごした長州藩。

それにひきかえ関ヶ原に参加はしたが参戦せず、藩の大きさは六〇万石そのままという狡猾（こうかつ）さで二六〇年を乗り切った薩摩藩、その狡（ずる）さと政治手腕は他藩の比ではなかった。

片や全く正反対、死に物狂いで倒幕を戦った長州は可哀相なくらいである。安政六年（一八五九年）、吉田松陰30歳。長州の改革運動と世直しの中心人物だった彼は、安政の大獄により、斬首の刑に処せられている。

身はたとい　武蔵の野辺に　朽ちたとて
留めおかまし　大和魂

（松陰辞世の句）

一方、薩摩藩は維新の推移だけを見ていて、自分たちの兵力は温存し、動かなかった。じっと世の動きを見ている西郷。それが会津の松平容保がお守りしていた王城の主（ぬし）である孝明天皇が35歳で一八六六年に崩御されると、薩摩はサーッと動き出し、幼帝（明治天皇）を担（かつ）ぎ上げて錦の御旗を翻（ひるがえ）して数万の幕府軍を蹴（け）ち散らし、一挙に江戸に上ったのである。

第四章　新しい明治の発展

「版籍奉還」と「廃刀令」

殿様の領地を取り上げ、中央政府に渡す「版籍奉還」。そして武士階級の特権を消滅させた「廃刀令」。

地方分権＝封建国家であった、700年も続いた封建国家をつぶして中央集権国家にしてしまった、その主役、西郷隆盛は殿様や武士の不満を一身に受け、その責任を取って中央の最高権力者の座から降りて、一人薩摩に帰って行った。そして明治一〇年（一八七八年）、日本の国を身をもって守った偉人は城山にて武士の最期を遂げた。

一方、西郷の意を託された大久保利通は、中央集権国家の体制強化に突き進んでいった。

各地での小さな動乱には微動だにしなかった。西郷から託されたことは、最早、我が国の地域の力では外国の攻撃には勝てないことを身をもって知っていたからである。

大久保利通と佐賀藩の大隈重信は、新しくて強い国づくりに邁進（まいしん）するのであった。まず列強に太刀打ちするためには、経済を強くしなければならない。そのためにと産業・経済の一流人の渋沢栄一を迎えた。そして、次のような策を講じた。

一、今までの物納税を金納税に変えた

一、「廃藩置県」によって、全国の殿様の権益を奪った

一、陸軍省・海軍省を作った

一、東京―横浜間に鉄道を通した（明治五年）

政府は渋沢栄一を加えて、次から次へと企業を興した。そして企業を作って利益が上がるようになると払い下げ、また作り、利益が上がるようになると、払い下げた。

時の政府の素晴らしいところは、一名たりとも公務員を作らなかったのである。北海道の炭坑　秋田の鉱山　足尾銅山　富岡製糸工場　各港の整備、その後北九州の大規模製鉄所　長崎の造船所と次々と手掛けて、民間に払い下げていった。

これらの全てを大久保利通・大隈重信・渋沢栄一らは三井・三菱・大倉・安田・住友ら財閥に次々と払い下げた。そしてそこから上がってくる売却金や税金でもって、新生

明治を動かしていった。

成果はみるみるうちに上がり、この経済政策路線は明治一〇年〜二〇年、そして三〇年へと続けられていったのです。

ひとつの大時代を画(かく)した西郷隆盛は封建時代の全てを払拭して、それまで権力を握っていた武士を奈落の底に突き落し、時代の推移を自覚させ中央集権国家を作ったのです。しかも、その武士らの苦しみの責任を一身に受けて前述のように薩摩に帰り、潔く散った。

また、この大混乱の日本に近代明治の路線を見事に敷いた大久保利通も、また盟友の西郷を追うように明治十一年、東京・麹町の紀尾井坂で暗殺された。その後、大隈重信も明治二十二年に外務省からの帰路、条約改正に反対する者に爆弾を投げられ、これまた重傷を負った。幸い命は取り留めた。

これら不穏な時代の中、大久保利通、大隈重信、また渋沢栄一の敷いた路線は後に伊藤博文・山県有朋・大山巌らに受け継がれ、明治という時代を継承していった。

当時、大久保利通らが国営企業として興し、そして払い下げた事例——他にも数多く

明治政府の払い下げ企業

企業名	会社創立年→払い下げた年	払い受け先
生野銀山	1868→96	三菱
佐渡金山	1869→96	三菱
高島炭坑	1873→74	三菱
三池炭坑	1873→88	三井
釜石鉄山	1874→83	田中長兵衛
阿仁銅山	1875→85	古河
院内銀山	1875→84	古河
長崎造船所	1868→87	三菱
兵庫造船所	1871→86	川崎
深川セメント	1874→84	浅野
富岡製糸工場	1872→93	三井
新町紡績所	1877→87	三井
その他、徳川幕府が作り明治政府に渡り、後に払い下げられたものに、東京砲兵工廠、板橋火薬製造所など、他にも多々あった。		

あったが、名の残るもののみ拾い出してみると前頁の表になる。

一方、必死で王城を守るべく1000の大軍を率いて、京に君臨していた会津藩は敵と戦うどころか、今まで天皇をお守りする味方であったのが、あっという間に賊軍にされてしまった。味方はチリヂリに逃走し、戦にもならなくなってしまった。

江戸でも「錦の御旗」を見た諸藩は戦うことも出来ず、ただただ恭順の意を表すばかりであった。

八重の桜が散る頃に……

悲しいかな王城の守護職として京に赴き、荒れた京を鎮圧していたのに今、天皇の旗は薩摩・長州に立ち、会津は薩長軍に大砲を撃ち込まれている。これも時の流れか——。

「徳川幕府に良いことをした」「本家のお手伝いが出来た」と思っていたのも束の間、7年間はあっという間に過ぎ去り、明治元年の九月二二日、頑張り続けた会津の城はついに落城した。敵に奪われたのである。

＊

ここで少々私事を申し上げると、私の祖母は明治九年、会津の生まれ。まだまだ江戸が色濃く残っていた時代です。明治新政府は新役人を送り、これでもかこれでもかと、旧武士を追い立てました。祖母の父も武士で、会津にいられなくなり、阿賀川に沿って新潟に逃れました。

祖母は新潟市内の古町で育てられたと言います。そこは昔、祖祖母が新潟より会津に嫁に行ったところだそうです。祖祖母の名は斉藤刀自（トジ）。

その子供の祖母に幼年期、小学校時代を育てられたことは私にとって、江戸・明治に触れたようで心の財産だと思っています。

その話の続きをもう少しお許しください。

昔、小学校2年の夏、戦後まもなくで、電車はもちろん汽車もまともに走ってない時代でした。朝早く横浜を出発して、いつまでも来ない列車（汽車）を高崎あたりで4～5時間待っていました。時は午後3時～4時、後にやって来た列車に乗り込みました。

新潟平野は真っ暗で右も左も田んぼの中。誘蛾灯の灯(あかり)だけが寂しく点(つ)いていました。新潟駅に着いたのは、もう夜10時頃だったでしょうか。小学校2年の私が、そこでひと夏を過ごしました。

そんなことを思い出しながら、いつか再び会津に行ってみたい、そう念じましたが、その術(すべ)もなく時が過ぎ、大学時代もやがては終わる、ちょうど4年生の夏の終り頃、新潟の港町付近に住んでいる大学の友人と親戚の増井庄之助の家を尋ねました。本当は会津に行きたかったのでしたが……。

祖母の森下クラを育ててくれた増井庄之助はもうおりませんでした。

その港町を網(あみ)の目のように走っている運河はそのまま残っていました。懐しい思いがしました。

朝は櫓漕(ろこぎ)舟が回って来て、野菜やスイカを売りに来るのです。また各家には自家用の舟があり、老若男女、皆櫓を巧みに操って出掛けて行くのです。もちろん自動車などはありませんから唯一の交通機関でした。

この家から祖祖母の斉藤刀自(トジ)は幕末、会津に嫁に行ったのです。

川を行き山を越え、嫁に行ったのですから二度と生家になど戻れなかったのでしょうね。そんなことを思いながらの帰り道、汽車に乗って新潟を立ちました。広い広い平野を汽車はひた走りました。

長岡、浦佐、六日町を過ぎるにつれて、満員だった車中から1人2人と降りていきます。やがて左手には八海山が見え、前の座席には女性が1人。気が付いてみれば私と2人きりになっていました。八海山を通り過ぎれば越後山脈です。山裾には越後湯沢の駅があります。小さな駅舎で、2、3人の駅員がいたでしょうか。その女性と2人きりになってみると旅は道連れ、話をしたくなりました。

「私は、川端康成の『雪国』が好きです」と話掛けました。前に座る彼女も文学好きだとみえて、会話が弾みました。2人共、駒子が好きでした。そのうちに越後平野も登りに掛かり、八海山がくっきり見え、越後湯沢の駅に差し掛かる頃には、時の経つのも忘れるようでした。

湯沢の駅を過ぎ、清水トンネルの中に入っていきました。長いトンネルを抜けると関東平野です。

川端康成の言を借りれば「国境の長いトンネルを抜けると、そこは雪国であった」がしかし、下りのせいか現実には関東平野です。ほんとうにすごく広大な関東平野です。

列車は早く早く走り去ってしまう気がして、時間の経つのが速く、名残惜しい気持でいっぱいでした。

越後山脈を抜け、赤城山を背後に見るようになると前橋、高崎です。その頃になると、人が次々に乗り込んできて周りの人が入れ替わったように車内の人数が増えてきました。新潟の平野を登っていた頃ののんびりした空気とくらべると、えらく車内の雰囲気が違っていました。関東人という感じです。

やがて終着駅の上野で彼女と別々の道を行くのかと思うと、なんとなく寂しく、チョッとドキドキした気持で、

「上野に着いたら食事をしていきませんか」

と誘いますと、背のスラッとした彼女は2歳くらい年上でしょうか、大人びて見えたその女性は微笑みながら、

「そうですね」

と言いました。

西郷さんの銅像を見て上野の料理屋で食事をしました。新潟の港、越後湯沢の山間の温泉の話など尽きることなく楽しいひと時でした。別れ際に彼女が何か紙切れをくれた

ような記憶もありましたが、お互いに名前も聞かず別れました。そんな時代でした。もう少しで社会人、それも「職人の小僧になるんだ」、そんなことを心に言い聞かせ、横浜に向かった夏の終わりでした。

＊

当時の私は、家業の畳屋を継がず、大学進学をさせてもらいました。大学4年間は父親からは放し飼いにしてもらい、自由を満喫させてもらったことを、今でも感謝しています。私も父親の気持ちが分かっていたからなおのこと、これから先、一日一日がこんなに楽しいことなどもうないだろう。大事に生きようと思っていました。

我が人生において、たった4年間だが、大事な大事な4年間でした。

つい私事を述べさせてもらい、そんな時代もあったのかと述懐させていただきました。

話は明治の会津から、昭和四〇年の越後へとそれてしまい、申し訳ありません。話を元に戻します。

近代の夜明けについて話をすすめます。

ここからは日本が新しくなる京都維新、新しい時代について書かせてもらいます。

いつまでも小国で後進国だと思っていたのに、急激な経済発展に、世界は日本の発展に一斉に着目し出しました。

まず日清戦争、一八九四年（明治二七年）に始まった戦に勝利し、次には何とヨーロッパの強国ロシアを相手にし、一気に世界の視線を集めた日露戦争、一九〇四年（明治三七年）に突入したのです。

第五章　時は流れて大正、昭和と……

日本は世界に勝ったのだ

平成二四年五月頃のことであった。中年の紳士が私の事務所に訪ねて来られました。そして私に向かって沈痛な面持で、

「あなたは太平洋戦争をどう思っていますか」

と唐突な質問をされました。そして、私の本『マッカーサーの占領政策は本当に日本を再生させたのか』を読んだとも言われました。私は、

「失礼ながら何年生まれでしょうか？」

と質問すると、

「昭和二年です」

との答えでした。

「それでは太平洋戦争最後の少年兵ですね」

と言うと、その紳士は、

「私は少年兵として出征しました」

一呼吸する間もなく、私は、

「太平洋戦争を日本が戦ったのは、大変に良いことをしたと思っています」

と答えました。それは何故か。つまり、こういうことなのです。

日本は一九四一年（昭和一六年）、ハワイの真珠湾とマレー半島のシンガポールを攻撃しましたよね。

これは世に、日本の「奇襲攻撃」だと言われていますが、真実は日本の駐米大使の手違いで宣戦布告を数時間遅れてアメリカに通告したのです。大使館の重大なミスには違いありませんが、日本国のミスでもあったわけです。

とにかく終戦の一九四五年（昭和二〇年）の八月一五日まで、イギリスをはじめオランダ、オーストラリア、フランス等を東南アジアで叩き、アメリカをも叩きました。しかし結果はアメリカに散々に反撃され、原子爆弾を2発も落とされました。

そして敗戦。

でも私はその紳士に言いました。

「日本は２００万人の将兵と多数の民間人が死んでいった……。

しかし、その後はどうでしょう。一九四六年、四七年、四八年、四九年、五〇年、五一年（日本は独立しました）、五二年、この七年間の間、今まで欧米諸国の植民地、奴隷になっていたアジア太平洋の諸地域では、欧米の軍隊が逃げていなくなると次々と民族運動が起こりました。パキスタン・インドはイギリスから、インドシナ半島ではベトナム・ビルマ・マレーシア・カンボジアなどはフランスやイギリスから独立しました。フィリピンはアメリカから、インドネシアはオランダ・ポルトガルから独立しました。台湾も独立しました。

こういう結果をよく考えてみてください。

日本は多くの血を流し、環太平洋の諸地域において、大変に良いことをしたんですよ」

と答えました。

その紳士は、

「そうですよね、そうですよね」

とご自分の心に言い聞かせるようにして、今度は晴れ晴れとした表情で帰っていかれました。

この日本のアジアに対する功績を世界中に喧伝（けんでん）するような代議士はいないのですか。日本の多大な犠牲のもとに世界が動いたのです。こんなに功績のある国なのに、昨今の日本を見ていると、北も南の島々も外国に攻め入られ、反撃も出来ない国情なのです。全く悲しい限りです。

もう一つ書いておきたいことがあります。

ここまでアジアにおいて日本の功績を書きましたが、世界史から西欧諸国の行動を見ますと、昔、ヨーロッパには封建時代がありました。そして、この時代は長く続きました。

その中から、スペイン・ポルトガル・オランダが抜け出したのです。コロンブスに代表される大航海時代です。コロンブスやヴァスコ・ダ・ガマなど先駆者の後を追うように、海外に軍隊が進出し始めました。帆船に鉄砲・軍隊・宣教師を乗せて各地を攻めたのでした。

そして多くの地域を植民地にしたのです。

これが前期植民地帝国主義時代です。

一六～一七世紀のことです。

その後はイギリスが力をつけてきてスペインを凌ぎ、後期の植民地獲得の帝国主義は、イギリスを中心に西欧の諸国が先を競って世界中の先住民を自国の奴隷にしてしまったのです。

この辺りのことは前著を読んでくだされればお分かりになると思います。

一九四五年（昭和二〇年）、日本は敗戦となりましたが、世界史を大きく動かしたのです。今までの植民地獲得の帝国時代をみごとに消滅させてしまったのです。

反対の解釈をすれば、日本は敗けたのではなく、世界に勝ったのです。世界の奴隷民族をみごとに救い、独立国とさせたのです。

第六章　太平洋戦争の敗戦処理

貰い血を流して創った日本帝国

時代は移り、明治初期の大久保利通をはじめとする多くの志ある者たちが血を流して創った日本帝国は、西欧諸国に馴染めずに、余所者（よそもの）扱いを受け、意地悪をされ、あげくの果てに喧嘩を売られている状態でした。つまり四面楚歌の状態だったのです。そこで起こった日清戦争、日露戦争。その後は、ABCD包囲陣（A＝アメリカ、B＝イギリス、C＝中国、D＝オランダ）を敷く国々に経済封鎖をされ、止（や）むに止まれぬ状況下で、ついに一九四一年（昭和一六年）一二月八日、太平洋戦争に突入したのです。

時にアメリカ領ではハワイを、東南アジアではシンガポールの要塞を中心に攻撃しました。中でも西欧諸国の陣取るアジア地域は徹底的に叩きました。しかし強いアメリカ軍、その司令官であるマッカーサーは、オーストラリアまで逃げましたが「I shall return」の言葉のもと、アメリカ本国からの援軍とともに太平洋を勝ち上って北上して来ました。それとは別にトルーマン大統領は海軍に命じて原爆を2発も日本に落とし、攻め上って来ました。一九四五年八月一五日、天皇の終戦の詔（みことのり）が発せられ、戦いは終わりました。

話はちょっと裏話になりますが、日本の敗戦がもう少し遅れていたら……実はソ連軍が北海道に侵攻してくる直前だったというのです。原爆が落ちていなかったら、もう少し戦が長期化していたら、ソ連軍は北海道に上陸していたでしょう。そうしたらドイツと同じように日本も国を二分され、日本の苦難は想像を絶することになったと思います。ソ連軍が侵攻して来なかったことは大変によかったと思います。なぜなら、ソ連という国は戦争で勝ち取った領地は返さないのが鉄則の国だからです。

しかし日本の原爆の犠牲も大変に大きかったのは、ご存じの通りです。

マッカーサーの活躍と負の遺産

一九四五年（昭和二〇年）八月二九日の午後二時。灼けつくような夏の日差しが照り付ける厚木飛行場の軍用機から1人の大柄なアメリカの軍人が降り立ちました。
サングラスをかけ、右手に大きなコーンパイプを持ったその人物の名はダグラス・マッカーサー。

戦後日本の占領政策に全権をふるった連合国軍最高司令官その人です。それから☆☆☆☆☆の五ツ星マーク（元帥）の車は長後街道を経て東海道より一路、横浜に向かいました。

横浜は見渡す限りアメリカ軍の猛攻撃により瓦礫（がれき）の地でした。その中で一棟だけポツンと残っていたホテルニューグランド（きっとホテルニューグランドは攻撃しないようにとの指示が出ていたのでしょう）へ。

かつてマッカーサーは新婚旅行で東洋を旅した時、横浜に寄っています。その時に泊ったのが、このホテルだったのです。

夕映えの残る横浜の港。大きな戦いを終え、海を見下す3階のレストラン。マッカーサーは感無量だったでしょう。4年もの激戦を重ねたあと、今、日本の横浜にいるのです。海には軍船がひしめき合い、陸は戦車・軍人でおおわれていました。その向こうには鶴見・神奈川の小高い丘が黒いシルエットとなり横たわっています。マッカーサーの手には安らぎを求めてバーボンのグラス。

その日から3日後の九月二日。東京湾の金沢沖に停泊中の戦艦ミズリー号の艦上において終戦の調印が行なわれました。

アメリカ側は、マッカーサー元帥。

日本側は、全権である外務大臣重光葵（しげみつまもる）でした。

海には連合国の無数の艦船群が遊弋（ゆうよく）し、空には数百機の軍用機が旋回し、戦争の結末を劇的なまでに演出していました。

それからまもなくマッカーサーは居をアメリカ大使館に移し、東京のお堀端の第一生命ビルに、ＧＨＱ総司令部を設置しました。昭和二〇年九月一七日のことでした。

マッカーサーは執務室において、ほとんど面会を控えていました。ただひたすら考え続けていました。この日本という国を、いかなる方法で統治するのがベストであるのか、さらには、いかなる形態の国にするのがアメリカにとってベストなのかを考え続けていました。そして押し寄せてくる共産主義国家への脅威に対し、いかに対処すべきかを模索し続けたのです。そして日本の支配者として、次々と改革を行い始めました。

ときにマッカーサー、65歳。７０００万人の日本人の支配者になったのです。まず、手掛けた日本占領統治の骨子は次のようなものでした。

- 新憲法の制定
- 新しい法律の制定
- 軍部の解体・財閥の解体
- 議会制民主主義の確立
- 婦人参政権の実施
- 政治犯の釈放
- 農地解放
- 超インフレを鎮静化するための増税（相続税を新設）
- 自由な労働組合の実現
- 報道と教育の自由の保障
- 警察による弾圧の禁止

これらの骨子を明文化したのが新憲法です。新憲法の最重要項目が第9条でした。
戦争の放棄と交戦権の否認。

以上の内容の新憲法を国民に認めさせるために、「自由だ」「平等だ」「個人の生きる権利はあるんだ」などと、おいしい言葉を並べ立て戦前戦中には考えられない言葉を駆使して、日本国民に「アメリカは新しい時代を持って来たんだ」と喧伝（けんでん）し、新憲法を国民に認めさせたのでした。

その結果、日本の良き伝統・良き文化・人間関係はみごとに改変され、破壊されてしまいました。

日本の国を守ろうとして犠牲になった多くの将や兵は、豊かな伝統の心を持った人々でした。それがマッカーサーの攻略によって雲散霧消（うんさんむしょう）してしまい、義理も人情もない競争社会に組み込まれてしまったようで悔しくてなりません。

裏を返せば、日本の武力の永久放棄と、日本の国土は狭く秩序がなければ統治できないので、アメリカの統治しやすいように憲法を押しつけてきただけなのです。アメリカの土地は、アメリカ先住の民（インディアン）のものであり、とてつもなく広く、いくらでもあるのです。そのアメリカの憲法を日本に持ち込んだのですから、日本の伝統や文化が無秩序に壊され、里山も小川も田も畑も、統治しやすくするためみんな平均化され、村々が集落にならなくなってしまったのです。※入会（いりあい）権（92頁参照）にも個人の権利の分だけ評価して、固定資産税をかけるのだと言うのですから……。

日本の自然を、文化を壊した二つの税金

①固定資産税

日本の固定資産税は世界一図抜けて高い。

広い土地に住んでいる多くの人は、節税とウソぶく大手不動産業者に引っ掛かって、アパートを建てさせられ、ちょっと古くなると空き家が次々と出て、節税どころではなくWパンチを受けているのです。第一に日本の人口は減っているのですから……。「公営アパートなど絶対に建てるな！」と私は常々言ってきたのです。なにせ我々の税金をただ同然に使って作ったアパートですから、家賃も管理費も安いに決まっています。ましてや固定資産税も他の税金も払わない公共施設としています。一方で、固定資産税対策、それと相続税対策として「この方が安全で節税ですよ」の業者の口車（くちぐるま）に乗って建てたアパートは、10年経てば空き家でガラガラ。私たちが納めた税金で私たちが首を

締められるのです。こんなことってアリですか。

②相続税

『歴史の鉄則――税金が国家の盛衰を決める』の著者の渡部昇一氏は、「相続税なんか有史以後なかった国を壊す酷税である」と言い切っています。

親が亡くなり、どこからも一銭もお金が入ってこないのに、親の財産を受け取り相続しただろう、受け取った利益が発生したんだ。だからそれを売ってでもお金を国に支払え。つまり相続税を出せとメチャクチャをいうんです。今では親が死にそうになると慌てる子供たち。相続税を取られて俺たち住むところがあるのかと、怯えているのが現代の人々なのです。

これって、まったく変ではないですか。

話が前後しますが、戦争中の話をもう少し書きます。あの戦争で多くの将兵が戦死しました。しかし意外に思われませんか。実は戦争中の国民の死亡者数は（約50万人）被害に比して少なかったのです。何故でしょう。それは日本国土に危険が迫ると、国家命令で学童疎開※（92頁参照）とか強制疎開という言葉で表わされるように、首都圏ならば群馬県や栃木や長野・埼玉県のような地方に多くの大きな家（農家）があって、そこで受け入れ住まわせてくれたからだったのです。まさに人情のある国家日本の姿でした。とても今のご時世では出来ないことでしょう。当時は家が大きかったし、何世代も家族があり、お国のため、非常時ですから、忍耐強い日本人は、同胞愛で皆受け入れて共同生活をしたのです。赤の他人同士が……。今の世、こんなことを受け入れることが出来ると思いますか。

負の遺産の象徴、相続税

さて、これからはマッカーサーの政策の具体的な内容に話は移ります。

戦争直後、日本は激しいインフレーションに襲われました。ドイツでもイタリアでも戦争に敗けると物資を急激に戦地に送り出すものだから、国内の物資（食糧・鉄・農機具・船舶など）が著しく不足して、激しいインフレーションになるのです。そこで昭和二四年（一九四九年）、アメリカからシャウプ（コロンビア大学教授）、ドッジ（デトロイト銀行頭取）を呼びました。戦後の物価の鎮静化と日本の税制を見直し、策を練りました。

これが世に言う「ドッジ・ライン」「シャウプ勧告」なのです。

要するに国債の発行は一切認めず、自国の税金のみで経済運営をするように指示したのです。その内容を詳しく見てみましょう。

- 個人所得税の増額
- 労働控除（給料の控除項目）の減少
- 法人税の増額
- 地方税の増額
- 絹織物への課税

富裕者に対する富裕税

相続税の罪

私が諸悪の根源と考えるのは相続税です。前述しましたように、どこからもお金が入って来ないのに親が亡くなると、親から財産をもらったから、当然、所得であるとみなされ、田・畑・家・山（当然、入会権も入っています）を売ってお金を納めろと政府は取り立てます。評価額の30パーセントくらいの金額をとられるのです。

このような策が功を奏して、戦後の超インフレーションは鎮静化しました。

一世帯の平均人数

昭和5年	5.52人
〃15年	6.6人
〃20年	5.2人
〃40年	4.1人
〃50年	3.19人
平成2年	2.78人
〃17年	2.38人

これはあくまでも戦時法であり、事が成せば当然なくなってしまうべき税金です。しかし相続税だけは残ってしまうのです。日本の国土が山が集落が、人情が壊れていくのを知りながら、それを見ながら日本国政府は安直にお金が入ってくるのをあてにして、60年間も相続税の制度を続けてしまったのです。

これからも相続の控除額を引き下げ、ますますドル箱になる様相。相続税を廃止するなど国会の論議に上がってないので、70年も80年も続けるのでしょう。

相続税の大きな罪は大家族を核家族にバラバラにしてしまったことでした。その傾向を裏付ける国勢調査のデータが右頁にあります。

家族が6人いた時には社会保障制度は日本には養老院・孤児院などの例外を除いてはありませんでした。また、昭和四〇年代前半、4人家族がいた頃は国債発行は1兆円以下だったのでした。ところが平成一七年、2・3人家族になると、一気に20兆円に社会保障費は跳ね上がるのです。そして今2人強の家族ですと、27兆円超です。我々が納めている税金の三分の二は社会保障費なんです。また、そうなってしまったのです。こんなに社会保険、生活保護、社会福祉事業、公衆衛生などの保障とお年寄の保障にお金の掛かる国にしたのはみんな国家官僚だ。当然のこと官僚はその責任をとれ！

こんなことで本当にいいのでしょうか。

日本国政府の政策は増税に次ぐ増税の拙策（せっさく）でしかありません。こんな相続税を続けては家も家族も人情も助け合いもメチャクチャです。

個人情報の保護ばかりを重要視し、行動の自由と平等を謳（うた）い過ぎ――助け合い、共に隣の家と近所を守る気持は悪いことだと決め付けてしまったのです。この考えはここ10年、顕著に表れている事実です。

こんなことで１００年後も日本は存続していられるのでしょうか。

そして、このまま働き手が減少していき、さらには社会保障費はドンドン増加し、日本は崩壊していくでしょう。

民間納税者の少な過ぎが、個人個人に、より大きな負担を強いていることを、政府はよもやご存知ないなんて言いませんよね。

その政府も相続税制で大家族制度を壊すという大罪を犯したのです。

しかもその相続税制度を今日まで続け、核家族にした責任があるのです。政府は「国民には納税の義務がある」を楯にとって国民を攻めまくるのです。

入会権＝近隣の山野・漁場・浜などを村または数軒の家々が共同して利用する権利。山野では薪や炭の原料や木の実を採ったりする。

学童疎開＝戦争の末期、敗戦の色が濃い中、学童などを守る手段として国家の命令で、戦火が遠い地域へ都会に住む子供や大人を移動させること。受け入れ先としては一軒の農家や大きな屋敷とか寺など。人々が受け入れてくれる人数だけ移動して住み込ませてもらったことです。

第七章　吉田茂の時代（昭和二二年〜二九年）

引き抜かれた国家官僚たち

吉田茂は戦前、戦中はアメリカとの戦争反対を唱え続けて陸海軍に嫌われ、イギリスに追いやられていました。戦争が終わると、日本に帰って来ました――。

話は少し戻りますが、マッカーサーの政策に食らい付き、必死についていった吉田茂（外務官僚＝T大法学部出身）は考えました。

昔から自由党、民主党にいる国会議員では考え方が古すぎて、マッカーサー憲法についていけない。そこで自分の古巣である官界から官僚を代議士へ転身させ、内閣の中枢部へと引き上げ、国政を司（つかさど）らせようと試みた。

引き抜かれた中堅の官僚はこぞって日本国中から立候補して当選し、戦後の国家経営に当たることになった（ここで注意しなければならないことは当時は中選挙区制であったこと。3~5人区であったので、新人でも当選の確率が非常に高かったことです。これも功を奏した。これが追い風となり、官僚を辞めて国政に立つ者が多かったのです）。

枚挙にいとまがない。

代表的な人物には、

岸　信介
池田勇人
灘尾弘吉
大平正芳
佐藤栄作
宮澤喜一
福田赳夫
中曽根康弘

『小説吉田学校』・戸川猪佐武著などより

ほぼT大法学部卒で、違うのは池田勇人の京都大学と大平正芳の一橋大学卒。彼らはその意味で肩身の狭い思いをしたとの声が伝わっています。当時はT大法学部卒は国民にとって神様のように見えたのでしょう。

その間、一九五〇年（昭和二五年）、朝鮮戦争が起きてマッカーサーは大いに武勲をたて、日本経済も上げ潮に乗った。そんな時代背景の中で、一九五五年（昭和三〇年）には自由党の吉田茂と民主党の鳩山一郎は神田駿河台の中央大学講堂（国会を見下ろすところにあった）において、保守合同を成功させ、戦後の安定政権時代に入っていきました。

一九五五年～二〇〇〇年、安定政権下、社会党は総選挙でいくら頑張っても全体の三分の一の議席の政党でした。

安定政権の下、経済成長もめざましく、昭和三五年（一九六〇年）の池田内閣から昭和四六年（一九七一年）の佐藤内閣までに、税収は3兆円から13兆円にもなったのです。

世の常ではありますが、戦中、戦後の苦しかった国情を詳しく知らないT大出の国会議員と二世・三世の国会議員が増えるにつれ、本来日本を守る高邁（こうまい）な精神に欠けた、そして私利私欲しか考えられない国会議員が増えてきたのです。

「日米安全保障条約」があるから、日本の国土はどこからも攻められない守り神がついていると勝手な解釈をし、日本の安全を本気で守ろうとする意欲に欠けた国会議員の集団に成り下がってしまったのです。これは官僚も同様です。

佐藤栄作内閣が終わる頃は特例債の発行は0円。それが次に田中角栄内閣が誕生すると、国を守るのではなく経済発展一本槍の「列島改造論」が一躍脚光を浴び始めて、国債を次々に発行して建設ラッシュに入っていくのです。これは明らかなる財政法4条の違反行為です。

戦後復興の「吉田学校」は終わってしまいました。

しかし、官僚を次から次へと持ち上げ、総理大臣にまでした「吉田学校」の反動も大きいものがありました。それまでの官僚の態度が一変し、今までは国会議員のお手伝いが、もみ手をしながら国会議員を使う、憂うべき立場の逆転現象が起こってしまったのです。

今日の予算を見て、国税収入が10パーセントもアップした年度がありましたか。

これらは箱物行政の功罪ですね。頭のいいT大法学部卒が指示をして、国会議員が踊っているのですから……。いいえ、こんな簡単な理論はとっくに分かっていて、誰かがババを引くのを待っているだけなんだと思います。箱物の維持費は急カーブで増大するのです。

県・市の入札情報

ここからは現在の実例を示しましょう。

私の住んでいる神奈川県の話です。

バブルが弾(はじ)けて間もない平成七、八年頃から弱った建設会社20社相手に、建設業を助けようではなく、「構造改革なくして経済成長ナシ」の小泉首相に乗せられて、仕事のない多くの建設会社を中心に入札のチャンスを与えようと、入札オープンシステムが取り入れられました。

「今までは建設20社が談合で儲(もう)け過ぎているのだ」「県も国ももっと安い単価で発注しろ」と新聞・マスコミは大いに騒ぎ立てました。その結果、入札をオープンにしますと、見ず知らずの業者が参加してくるようになりました。結果は見ず知らずの信用度の低い業者が入札に参加し、20パーセント〜30パーセントも落札価格が下がりました。これを見て無責任なマスコミは「やれば出来るではないか」と喧伝(けんでん)しまくりました。しかし、その結果は建設会社20社の半分もが倒産してしまったのです。談合である程度儲けて、社内留保があれば、こんなことにはならなかったはずでしょう。また見ず知らずの業者が落札した例を追い掛けて調べてみると、入札には勝ったのですが、その後、落札工事中にその業者は倒産したとの例を多々見ております。

結局、役所が建設物価版（市販されている）を丹念に調べ積み上げて作った建設予定価格が、入札によって著しく低価格で落札され、利益を上げられる、なんて業界では誰に聞いても考えられないことなのです。

その後、一発屋はどこへ行ったやら……報道はありません。

ここで心配なのが、いざ大災害があった時、今まで神奈川県内の建築会社20社が守っていた神奈川地域を、倒産を免れ残った10社で守るなんて到底無理でしょう。機械も人も減っているんですよ。いざという時に安心の出来る建設業者を地元神奈川は、しっかりと守るべきではありませんか。

見ず知らずの一発業者が落札して仕事を取ると、次回はその価格が入札予定価格になってしまうのです――この業界を知らない読者は首をかしげるでしょうが、それが現実なのです。

再度言いますが大震災が起きた時、皆さんは小規模経営の「一発屋」に復興を依頼するんですか――。

これは不勉強で、やれ「談合だ」と騒いで記事を書いた無責任な新聞社やマスコミにも、本気で聞いてみたいと思います。

第八章　現在「大赤字」の政府の台所

今までの話を少しまとめてみます。

一、京都維新から薩摩の西郷隆盛・大久保利通の政策
一、太平洋戦争に突入した日本の功罪
一、戦後のマッカーサーの日本での政治政策
一、吉田茂を中心とした経済復興と官僚たちの協力（一九四五年～一九七〇年）
一、その後の官僚・役人たちの天下り天国
一、相続税の継続による日本の人情・家族・山河など自然の崩壊――これは政府が主導している
一、日本の財政は一九四五年～現在、構造的な大赤字

について述べてきました。これからは大赤字を生んできた政府について話をします。

今日の日本の財政は大赤字運営

本来、税収のみで国家は経営されるべきなのに、毎年、毎年45兆円以上50兆円超の赤字国債を発行しないと日本の国は破綻してしまうのです。なのに、今になっても政府はやれ「増税」とか、「社会保障給付の減額」、医療費の個人負担の増額、を唱え、45兆円以上の国債を発行し、共済年金の減額は言わない。国民にはしっかり負わせて、自分たちの給料と老齢年金はガッチリ確保しているのに。

この借金まみれの日本の国情でも、ある人は「国家はお金を発行する権利があるんだ――だから大丈夫だ」と言います。けれどドイツのメルケル首相などは安倍総理大臣に向かって「日本の国は大変な財政赤字を抱えている。どう取り組んでいくのか」と実に堂々と鋭いことを二〇一三年六月のG8首脳会議中に行われた日独首脳会談で言っていますが、安倍さんは知らんぷり。それで本当にいいのでしょうか?

＊

金融危機の日本経済を救済するために日本政府は一体どんな策を講じたのかを説明しま

す。

一九八九年（平成元年）、日本はバブルが弾けました。当時、物価は上昇、土地・株の値段は頂点まで上がっていました。企業生産も順調に伸びており、税収は絶好調でした。伸び切った株価、土地その他の投機物、企業生産、銀行他の貸金業も絶好調でした。

それがチョッとした切っ掛けで、破綻してしまったのです。それは大阪の貸金業者の二重貸しの発覚から「アッ」と言う間に全投機物に広がったのです。

上昇バブルのインフレーションは日本国中に広がっており、当時は投機をやっていない会社や個人はいないと言われた状態でしたので、平成元年、二年、三年とドンドンと全てのものが急速に値下がりしました。一時は「一億総不動屋」と言われたほどに、土地投機も凄まじいものでした。その資金を貸した銀行他金融会社は、当然のこと不良債権の山となり、個人、会社はドンドンと破産、倒産しました。

それまで池田内閣、佐藤内閣と伸び続けた税収は、このバブルを境にして、上昇カーブは横這い（よこばい）の税収となり、政府はその対応に大変な苦難の道を歩むこととなったのです。

早々と企業も倒産し自己破産した人、自殺した人なども多くいました。

何十兆円と国債を発行しても産業は活発にならない。統計では税収も上がるどころか

一般会計歳出の推移

（単位　兆円）

（年）	一般会計歳出総額	国債買い戻し額	社会保障関係費
昭和30平均	0.09	0.043	0.1
昭和40平均	3.6	0.02	0.5
昭和50平均	21	1	3.9
昭和60平均	52.4	10	9.5
平成7	71	13.2	13.9
平成11	81.8	19.8	16.1
平成12	84.9	21.9	16.8
平成13	82.6	17.1	17.6
平成14	81.2	16.6	18
平成15	81.7	16.8	19
平成16	82	17.5	19.8
平成17	82	18.4	20.3
平成18	79.6	20.9	20.5
平成19	82.9	21	21.1
平成20	83	20.1	21.7
平成21	101	20.2	24.8
平成22	92.3	20.6	27.3

※平成元（1989）年バブル崩壊
財務省の財政関係資料より

一般会計実際歳入

（単位　兆円）

（年）	租税総収入	国債発行額	一般会計の実行予算	特別会計
昭和 20〜30	0.7	0	1	0.2 〜 1.5
昭和 30 〜 40	3	0.2	3.7	1.8 〜 7
昭和 40 〜 50	13.7	5.2	21.4	7 〜 39
昭 60 〜 平成 7	38.1	12.5	53.9	126 〜 267
平成 10	49.4	33.9	83.3	306
平成 11 〜 12	50.7	32	84.9	341
平成 12 〜 13	47.9	30	86.9	396
平成 13 〜 14	43.8	34	87.2	399
平成 14 〜 15	43.2	35	85.6	385
平成 15 〜 16	45.5	35.4	88.8	410
平成 17	47.8	34.3	82.1	※岸・池田・佐藤内閣時代は安定。田中内閣から、森・小泉内閣以後、大量に国債を発行する。
平成 18	49.1	27.5	84.4	
平成 19	51.0	25.4	84.5	
平成 20	44.3	33.9	89.2	
平成 21	38.7	53.4	107.1	
平成 22 予定	37.4	44.3	96.7	

（「財政関係諸資料」財務省より）

下がる傾向にあります。

政府はこれ以上の被害を出さないためにも貸し倒れ損失が巨額で営業できなくなる銀行のみを救うことを決めました。平成六、七年頃から国債は30〜40兆円という大量発行されるようになった。田中内閣から国債を発行し始めて15年が経ち、それまで15兆円の国債は平成六〜七年の頃からバブル沈静化のためと一気に15兆円ほどを発行し、その現金（公的資金といわれていた）を大手銀行を中心に2000億円、3000億円と無利子で貸し付けて、銀行の破綻を何とか回避した。

日銀のゼロ金利政策

無利子で借りた金を銀行は各企業に低利でドンドン貸付けたのです。例えば100億円借りたとすれば、今までは、利息分を4億〜5億円も返済をしていたのが、1パーセント以下の何千万円の利息で銀行から金を借りることができたのです。

こうして企業の救済、銀行の救済はみごとに成功したのです。その代わり国債の発行額はみごとに増加のスピードを早めてしまったのです。

でもここで一呼吸置いて考えてみてください。再び申し上げます。昔（ある話ではないが）、1億円の現金があれば、一年遊んで暮らせるという時代だったのです。皆さんもご存知でしょう？　郵便局や銀行の定期貯金の年利が5パーセント～8パーセントだったのを。それが今はどうですか。百分の八が、普通預金にいたっては一万分の十とか、とても低い利子になっていますよね。これみんな私たち庶民、国民の当然に受け取るべき利息が、日銀のゼロ金利政策によって、むしり取られているということなんですよ。政府のこんなバカな一方的な政策に腹が立ちませんか？

私はそれでも最初の1～2年でまた元の利息に戻るのかと思っていましたが、とんでもない。あれからもう20年以上もそのままですよ。銀行、郵便局の利息は強盗のようにはぎ取られるし、あげくの果てに平成二六年四月には消費税を5パーセントから8パーセントに上げたのだ！　そして、さらには近いうちに10パーセントに引き上げるんだという。

しかも、相続税の基礎控除は5000万円から3000万円に引き下げて、国民に幅広く相続税を納税してもらうんだと。

とにかく取れるところから、手っ取り早くむしり取る――。

皆さん、腹が立ちませんか。私はこんな身勝手で無策な日本の政治に腹が立って、この前の参議院選挙に突如立候補しました。どうせズブの素人、何のバックもありません。公認など望めるはずもなく、無所属――初めから落ちるのは分かっていました。しかし、「テレビとかラジオとか新聞などのメディアで、立候補者なら自分の主張したいことを広く日本中に伝えられる」。それを目的に立候補したんです。お蔭で想像もしなかった多くの票を頂き、それを一つの支えとして胸を張って毎日仕事をしています。

ついつい興奮して自分のことを書いて、横道に逸れてしまい申し訳ありません。話を元に戻して、日銀のゼロ金利政策のもと、政府は何の抵抗もなしで50兆円以上の国債を発行する――こんな強硬手段が国民に充分な説明もなくてできることを、不思議に思いませんか？　まして、今後、オリンピック開催ともなれば、政府は10兆円くらいの援助金は出すでしょう。

ヨーロッパでは国内総生産（ＧＤＰ）と同額ほどもの国債を発行すると、「大変だ。国際的な金融危機だ」と大騒ぎをするんですよ。

ところがどうでしょう。日本の安倍さんは、平気で「打出の小槌(こづち)」を振っちゃったんですよ。

次の表をご覧ください。

「債務大国」国債発行残高とのGDP（国内総生産）比

2014年度財務省発表

①日本……二三〇%

②ギリシャ……一六五%

③セントクリストファー・ネイヴィス（カリブ海の島国）一五四%

⑦イタリア……一二〇%

⑫アメリカ……一〇二%

㉑イギリス……八二%

㉔ドイツ……八〇%

こんなことでいいのでしょうか、日本！

何度も言います。言わせてください。日銀は国債の引受け先を探します。それでも、手に負えないので、国債を日本を代表するメガバンクなどに引き受けてもらう。メガバンク他、全銀行は政府が発行する取りっぱぐれのない確実な相手から利息をもらって引き受けるのです。

この世にも恐ろしい、悪魔の仕業で高給をもらってエリート顔なんですよ。

しかし日本は私有財産制の国。

今はお金を貸すところがなく（企業の活動が活発ではない）、

↓

国債を低利で引き受けているが、なんといってもその金額が大きい。その利息を含む国内の利益ランキングで比較してみても、

①三菱東京ＵＦＪファイナンシャルグループ

②三井住友ファイナンシャルグループ

③みずほファイナンシャルグループ

（二〇一一年度業績）

と上位を独占しています。

トヨタ自動車や日立製作所などの生産企業はこの下なんです。皆さん、お金を貸すだけの企業が物を作る企業より、高収益で上位だなんて変だと思われませんか。変ですよね。まして、この銀行の利益の半分以上は政府債の利息の受け取り分なんですから。

ということは、本来の銀行のあるべき姿の「民間にお金を貸して民間企業を育てる」という本業をしていないということなんです。銀行本来の目的から外れて、納得いかない銀行業をやって法外に儲けているのです。

そしてこのトライアングル（112頁参照）ですけど、年々日本の国債は増える。今納めている我々の倍の金額の納税をしても、国債発行額は減っていかないのです。要するに、税収は平成六年〜一五年は45兆円くらい。平成二一〜二二年は40兆円弱が平均です（ちなみにGDPは約450兆円〜500兆円弱）。現在の一般会計は50兆円の税収と50兆円の国債ですから、我々が今の税金を倍払っても、国債発行の世界ランキング1位は下がらないのです。だったら「政府の使うお金をなんとか減らせ」。その考えを前面に出してくれなくては日本国民をやってられません。仮にこの案が実行されても、まだ不安はあるのです。

一般会計から支払われる公務員人件費

国家公務員
（1人当たり9.1百万円）
人　員　56.0万人
人件費　5.1兆円

行政機関
人　員　30.0万人

自衛官、特別機関
人　員　26.0万人

地方公務員
（1人当たり約9.6百万円）
人　員　242.1万人
人件費　23.5兆円

一般行政
人員　92.2万人

教育
（公立学校の教職員等）
人　員　105.8万人

警察、消防等
人員　44.0万人

（注1）国の行政機関及び特別機関の人員は、一般会計及び特別会計の定員の合計（平成24年度末予算定員）、自衛官は実員数、地方の人員は、『地方財政の状況（平成24年3月）』（総務省）による平成23年4月1日現在の職員数（普通会計分）。
（注2）国の特別機関とは、裁判所、会計検査院及び人事院などを指す。
（注3）人件費は、国は一般会計及び特別会計の合計（平成24年度予算ベース）、地方は『地方財政の状況（平成24年3月）』（総務省）の平成22年度普通会計決算額。

※28.6兆円も公務員300万人に支払っているんです。
1人割りにすると900万円から1000万円もの年俸で雇っているのです。公僕は我々の年収の2,5倍から3倍です。ならば結論として、特別会計企業群を売却し、民営化する。その売却益と、共済年金の中止、特別会計企業群に毎年出す補助金53兆円も税金から出さなくなれば、国債を買い戻して零円に近づけるのです。一般労働者と同じ、生き残りをかけて必死に働いて、税金を払ってもらおう。公務員の共済年金もなくなり我々と平等になる。これにまだ表に載っていない準公務員や特別会計の職員もいるんですよ。補助金の名目で53兆円も税金が使われているのです。

前頁の表を一目見て、お分かりでしょうが、公務員に支払われる給与の多さに我々庶民はただただ驚くばかりです。あれくらいしか仕事をしない公務員一人に、1千万円支払われているのは何故なんだ！　本当にどうすりゃいいんだ、この人件費74兆円（特別会計の補助金50兆円含）おかし過ぎでしょう！

もうこれが最後です。メガバンクが日本の国債のかわりに利回りの良い外国の金融商品に投資したらどうなると思います？

そうしたら世界レベルで日本国債は叩かれるのです。そうなったら日本政府の信用も企業の株価も大暴落で、日本はもはやメチャクチャ、アウトです。

次に国債とはの説明をします。

国債は税金の前借りです

改めて言います。税収が45兆円、国債発行50兆円なのです。10年後には国債の45兆円は支払わなければならないのですよ。要するに10年後の税金45兆円を今、先取りしてるんです。そして10年後、45兆円を我々が税金として支払う。ひどい増税です。

しかし、政府はまた50兆円の国債（先取りの税金）を発行して、いつまで経っても国債は増えるばかりで減ることはありません。こうなったら、10年後の話ですが、この国債を支払うために、増税に次ぐ増税、それでいて他の政策は何も出来なくなるのです。

道路修理も建物修理も何も政府は出来ないのに、累積借金の前取りの税金は、確実に取られるのです。政府は何も出来ない、してくれなくてもですよ。しかし、国家公務員、地方公務員、特別会計企業の従業員には仕事をしなくても、キチンと給料、保険料、年金、退職金などを支払い続ける。酷いじゃありませんか。あまりにも庶民、国民をバカにした、差別した政治ですよね。しかも、この末期的な国の財政難なのに、今なおのうのうとしている公務員って何なのですか。

一層のこと、こんな考えはどうでしょうか。

まず、不平等は当たり前。自由主義、資本主義なんだから生まれた時から、環境も家の大きさも各人が違うんですよ。まず違うということを大前提に、国家の借金をみんなで零にしましょうよ。零になるよう全国民（公務員を含む）が努力しよう。

人間は「平等」という概念を唱えたのは、マルクス経済理論の社会主義なんです。そういう国はほとんど潰(つぶ)れましたね。

二〇世紀に始まって、二〇世紀後半にはなくなったんです。

そして、税金は消費税一本、税務署は消費税課一課のみで、他の職員は全員辞めていただきましょう。そうすれば財務省・国税庁は十分の一か百分の一の人数でやっていけるでしょう。


こんな時に、それは不平等だ。1年働いて100万円取る人と、1000万円取っている人では「同じパーセントの消費税では不平等だ」の例外論が必ず出るでしょう。でも、例外のために総論を論じているのではありません。1000兆円超の借金をどうやったら、0円に出来るかの論議=総論をやっているのですから。この際、例外、端論のための補強や増員をしたら、いくら公務員がいても足りません。その結果、お金が足りません。役所の金は全部我々納税者のもの。だから、国民一人一人が出来ることは自分でやる心構えで、大家族に戻して家族で処理しませんか。

「公務員はお金を食う悪い虫」だと思って、国民全員で退治しようではありませんか。

国民が増税で血を流す前に、公務員に先に血を流してもらいましょう。

そして、もうひと言いいます。これもくどいようですが、もう一度書きます。

小泉内閣時代に休日を大幅に増やしましたよね。公務員が1日休めば、その休日分は給料を当然減額すべきですよね。少なくとも私たち職人は日雇いですから、皆そう思いました。ところが、そんなことを言う人はマスコミには一人もいないんですね。皆、知らんぷり。彼らもまた増え続ける休日も堂々給料をもらっています、当然のように。しかし我々職人や非正規雇用者は1日休めば当然1日分の給料はないんです。

小泉さんをはじめ政治家は日当では働いたことがないから、休日が1日増えれば即、収入減になるという切実な生活をしている人がいることを忘れていませんか。年間130日も休める公務員や給与生活者は休日が増えても有給ですから、遊んだり、買物したり、旅行するので経済効果が増えるから喜ばしいことだと言うんです。でも、日本の労働者の一割くらいの公務員の意見で政治が動く。いわゆる官公庁の労働組合に守られている公務員や給料生活者中心の考えで政治が動いてしまうことに腹が立つのですよ。

弱い立場のアルバイトや非正規雇用者や職人は1日働きが減って、しかも遊ぶ公務員たちの給料を税金で払ってやらなければならないなんて、ヘンでしょう？ 弱い立場の人間はあきれて声も出せないし、もう、踏みつけられることに悲しいかな慣れっこになっちゃったんですよ。

ある時、飲み屋でサラリーマンが言いましたよ。「国会へデモでもしたら」ってね。

（デモでも座り込みでもする日の日当は、どこのどなた様から頂けるんですか？　旦那さんよ？）

我々の気持なんか、休んでも給料が出て守られてる公務員やサラリーマンには全然分からないし、想像力も思いやりも持てないんですね。

庶民の心を、日本を大事にしようと思う政治家はいないのですか？

みんな私利私欲の人ばかりで……。

日本のために命を捨てる、西郷隆盛のような男はもういないんですか。


ここで気を取り直しましょうか。

次の章で上杉鷹山のお国の再建の実例を紹介しながら、日本も本腰を入れて納税額を増やすのではなく、納税する労働者を現在の5000万人を6000万人〜7000万人に増やすことによって再生は可能になる、本気の日本の経済再建案を提示します。

当然のこと公務員の給料は大幅にダウンさせます。

第九章　今こそ米沢藩を救った「上杉鷹山」に学べ

ジョン・F・ケネディが最も尊敬した日本人!?

ケネディ大統領の話を再びします。また折よくその娘さんのキャロライン・ケネディさんが新駐日大使になって来日されたことは、うれしいニュースでしたね。

かなり前になりますが、第2次世界大戦時、ヨーロッパ地域での英雄アイゼンハワー大統領の後任としてジョン・F・ケネディ氏が大統領になったときのことです。ケネディ大統領と日本記者団との記者会見の席上、日本記者団から、

「大統領が最も尊敬している日本人は誰ですか」

との質問に、

「それはウエスギ・ヨウザンです」

と大統領は即座に答えたという伝説はあまりにも有名ですね。

でも、当時はその答えを聞いて日本人記者の方が右往左往してしまったのです。記者

の多くがウエスギ・ヨウザン（上杉鷹山）を知らなかったからです。
その上杉鷹山のことをここで触れてみたいと思います。
ちょっと長くなりますが、ご容赦ください。

今から二百数十年前、江戸中期、羽前米沢藩の藩主だった人です。米沢藩の家臣団は上杉謙信の越後二〇〇万石を皮切りに、その子景勝は越後から会津に移封され、所領は一二〇万石にされてしまいました。そして関ヶ原の戦いで西軍に味方したために、関ヶ原後は徳川から米沢藩は三〇万石にまで大減俸されてしまったのです。

しかも、その三〇万石も上杉景勝の腹心、直江兼次の所領であったのです。その後も上杉の家臣団は減ることもなく、小さな領地に何千人という将兵が住みました。また、一六六四年（寛文四年）に当主が亡くなり、その折に相続の不備があったため、さらに領地の半分が没収命令を受けてしまったのでした。

にも拘わらず上杉の家臣団はどんなに領地が減っても、１人の家臣をも整理しませんでした。当時、弱小の米沢藩は６０００名もの家臣を抱えていたのです。

昔からの仕来りは代々重んじて続けていたので、藩財政は苦しくなるばかりでした。

それでも藩はそれを守ることが上杉家の「品格」であると信じていました。

6000名もの家臣団は他藩と比べても数倍多いのでした。例えば、徳川御三家の筆頭、尾張藩よりも多かったというのです。藩の苦境に少しでも助けになるかと武士が慣れぬ農業をやったり、職人、加工業や内職さえも手伝うようになりました。

度重なる減俸を補うもので、上杉の家臣として武士は団結をし藩を守っていました。家臣は誰一人として逃げ出していく者はおりませんでした。

「入るを計りて出るを制す」なら分かりますが、藩の政事である参勤交代は上杉藩として縮小せずに仰々しく威厳を守り、必要な「出る」は制しませんでした。

特に江戸での生活は派手でした。また派手好きでした。

上杉鷹山の前代の藩主重定は窮状の中で我慢を重ね重ねてきた人間でしたが、窮状を切り抜けようとする積極的な人物ではありませんでした。

ついに逃げ出す農民や脱藩する家臣が出るに至り、上杉重定は財政逼迫により版籍の奉還を申し出る悲壮なる決意をし、一七六四年（明和元年）に、尾張藩主徳川宗勝に伝えました。

江戸では、「名家・上杉家を潰すことは謙信公の名を汚すことになろう――まかりならぬ」「再建に努力せよ」の沙汰が下りました。

これを受けて今後の上杉藩の行く末に思いを馳せるうち、はっと思いついたのは、遠い九州の小大名、日向の高鍋の秋月藩です。藩主秋月種美とは義理の兄弟だったのです。この種美の奥方は上杉重定の妹であったのです。その二男直松（鷹山の幼名）が江戸で生まれ、江戸で育てられていました。今、上杉の親族を見渡してみて、彼以外にこの苦境を脱する器量の持ち主がいるだろうか、と。

（いないのは分かっていたが……ここはひとつ高鍋の藩主に話をしてみるか。あの二男坊は江戸では特別利口であると評判だし……）。

高鍋藩主秋月種美の妻は重定と兄妹だから、話はトントンとすすみ、養子縁組が決まりました。この縁組は鷹山にとって必ずしも幸福とは言えなかったのです。鷹山を待ち受けていたのは華麗な大名の座ではなく、苦難の座であったからです。この少年に望みをかけた藁科松柏をはじめ、江戸詰めの人々は鷹山を立派な殿に、改革の出来る殿に育てようと、懸命でした。そしてまた帝王学のため細井平洲（尾張の儒学者）の教育も受けました。

鷹山一五歳の時、たまたま江戸城に登城することがありました。雨風の強い寒い日で

した。手で顔を被いながらの歩行でした。やがて屋敷に戻ると、自分のことはさておいて供の者のところへ行って、

「今日は特にご苦労であった。風邪をひかぬよう風呂に入って体を温めて休め」

と言葉を掛けたと言う。

まさに自分のことより部下を気に掛ける人柄に「人を生かして人を使う道を存じ上げている」と、回りから人柄を高く評価され、きっと立派な人物になっていくと誰にも思われるように育っていきました。

鷹山17歳、一七六七年（明和四年）の時、上杉家を継ぐことになりました。時代は田沼意次が筆頭老中で、賄賂全盛の時代でした。鷹山の回りから賄賂を贈って「便宜を計ってもらっては」の声も聞こえてきました。しかし領民の汗と涙の結晶である年貢を賄賂などには使えない。

「米沢藩は自力で更生する」

と言い切りました。

やがて田沼は失脚して賄賂時代は終わりました。

次は奥州白河の松平定信が政治を執り行いました。定信は八代将軍吉宗の孫で、今ま

での幕府の政治の失敗の原因は放漫経営にあると気付き、一転、「大倹約政策」を執りました。

それを見ながら鷹山は（今まで幕府の改革の失敗の原因は根本に優しさと思いやりがなかったからだ。これを打ち立てねばならない）との思いを強くしました。

藩でなく農民を富ませてこその改革

この考えをもって、一七六九年（明和六年）、初めて本国米沢に入ることになりました。江戸と米沢は全く違うところでした。関東から福島に入り、福島から米沢への国境の峠を辿る頃には全山雪で覆われていました。吾妻、蔵王そして出羽三山は全山深い雪景色でした。かつて上杉家の移動は千人単位でしたが、鷹山はこれを十分の一にしての、みすぼらしいお国入りでした。雪の米沢に入って鷹山は愕然としたというエピソードが伝わっています。

あまりにも人々の表情が暗く沈んでいたからです。そして税の重さに耐え兼ねて逃げ出してしまった人々が多かったからです。どの宿場も貧しく、最早宿場の体を成していませんでした。鷹山はそれを見て自分から「野宿をしよう……」と言いました。

まさに大名の口から出る言葉ではありませんでした。家臣団はあちこちに火を焚き、野宿が始まったのです。皆、「殿様も一緒だ」ということが、心を沸き立たせていました。

やがて米沢に入りました。そして、（冷たく冷えたこの土地に何かの種を植えて芽が出るのだろうか。いや必ず出したい、出させたい。何の種を植えればいいんだ）（これは大変な国へ来てしまった）と心のなかでつぶやきながら、何の経験もなく、ただ民富のために藩政改革を行おうという情熱に燃えていたが、果たして出来るのであろうか？不安も募る。

死んでいるような景色の中、どんな小さな火種でもいい、それを捜して火を付けて大きくしよう。それが改革の始まりだ。人の胸にも火を付けて欲しい。鷹山の願いに、「私も、私も」と賛同の声が上がった。着物も着替えず旅姿で馬に乗って帰城した。それはまさに今までに例のない貧相な行列であったろう。

鷹山は心に誓った。それでもいい、始まりはまず一（いち）から始めるのだ。馬に乗って寒風、雪の中を帰城した。

帰城するや間もなく家臣団を全員集めた。しかも今まで例のなかったが、足軽もその集団に入れた。

鷹山の声に多勢の者が反対したが、若き藩主は一歩も譲らなかった。城内の大広間は中も外も人でいっぱいであった。

新しい藩主の顔を見せ、

「これから我が藩は自立してゆく。それには、藩の改革をやらねばならない。これから米沢上杉藩が生き残るためには出来ることは何でもやる。全員で働くのだ。例えば働けないお年寄は鯉に餌(えさ)をやってくれ。そして大きな鯉にして欲しい」

そこまで熱く語った。

これを藩祖謙信公に誓った。

「士分の若い者は全員農作業や山や荒地を開墾(かいこん)してくれ」とも言った。

鷹山は演説が終わって屋敷に帰れば、藩よりあてがわれた発育遅れの妻が待っていた。精神的にも発育は遅れていたとか。若き鷹山は日々妻のために、紙で鶴を折って持って帰ったという。妻はそれを糸でつなげて鶴が日々増えいくのを、手を打って喜んだという。また、ある時は粗末な手作りの人形を持ち帰り届けたともいう。

妻は鷹山の帰るのを喜々として待っていて、また妻が作った人形を褒めてやると、妻は大変喜んで、それ以降も人形を作って鷹山を待っていたらしい。

この不自由な体の妻に鷹山は心から優しかった。

城に出れば厳しい厳しい改革が待っている。改革もやがて米沢全土、全藩民に伝わり全員が働き、まさに飽くなき努力と執念が奇跡を生み始め、ついには大きな奇跡を生んだのだ。

過去の慣習と習わしとの戦い、七転八倒の苦しみで、士分の者も足軽も家老もなかった。ただ働いてモノを作る。そして売れるモノを工夫して作る↓売る↓その連続の努力で鷹山の目的↓藩改革の実が結び始めるようになると、自然と子供のない藩主にお世継（よつぎ）の話、側室の話が出てくる。

そんな際に鷹山は言った。

「私は世継を、自分の血を残すために、ここ米沢に来たのではない。妻は一人いれば充分だ。私はここ米沢に藩政改革のために来たのであるから、その儀には及ばぬ」と。

この鷹山の言葉に全家臣は感動し、ますます心を一つにして改革に一層の力で立ち向かったのである。また、さらに殿のために働こう——と奮い立ったのだった。

鷹山は上杉家の一番血の濃い男子を養子として育てた。
この行為はまさに上杉鷹山の名を天下に知らしめることとなった。
以降、幕末まで米沢藩は安泰でした。

第十章　特別会計企業群を民営化しよう

実態をほとんど知らされない特別会計

「特別会計」という、ちょっと耳慣れない言葉ですが、今後の日本経営には大変重要な言葉なのです。

前述しましたが、国の財政は大きく二つに分かれます。その一つが一般会計。これは税収……45兆円と国債を発行してお金にする50兆円くらいです。合計して100兆円弱。

二つ目は特別会計です。政府や地方公共団体がほぼ全額出資している企業群の予算です。経営するそれらにお金を出しているのです。私が入手した収支会計報告をご覧ください。（137頁参照）

もちろん、不足金は全額が公費負担です。そのため企業努力が全然ありません。

一般会計は皆さんご存じの通り、その内容は国会で審議され、国民にも公開され、お金の入金と出金がよく分かり、政府運営の中心的なものです。

一方の特別会計の細部は皆さんほとんど知らないと思います。しかし確実にお金が出ていっています。公営企業は政府が全額出資して国の益になるような企業群で、約150団体くらいあると言われています。そこにも一般会計のお金が投入されるので、国家の財政は大変苦しいのです。50兆円以上が税金で補助されるのに管理は各省庁が個別に行ない、国会審議はほとんどスルー。この特別会計は政府には好都合でも、税を払う国民には実に不都合な存在です。総事業費は350兆円とも言われています。細かいことはほとんど国民に知らされていないし、その全容は分かっていませんが不足金は政府が出しています。

しかし確実に政府予算は投入され、官僚の天下り先になっていることは分かっています。例を次にあげます。公団・公社・独立行政法人・〇〇機構・〇〇経済研究所・NHK・国立大学・第三セクター……。それ以上は私がいくら資料を捜しても見つかりません。そんな実体も分からないのに、その企業会計の不足分を全て国家が支払っているのです。損益感覚が全くない企業集団なのです。困ったものではありませんか。

国が補助しているのは53兆円とも言われています。何故こんなに特別会計群が増えたのか。

ただただ増税ばかりが続く日本。私が精一杯生きたこの国が、借金だらけ……。どこに限度があるのか！　誰れが救うのかこの日本！

前述のとおり、平成六年までは中選挙区制（3～5人が同一選挙区で当選する方式）で国会議員が決まりました。ですので、ちょっと覇気のある中堅官僚は上を目指して議員に立候補しました。

ところが平成六年以降、小選挙区になり、当選者は1人になったので、落選の危険もあるために頭のイイ輩はリスクのある選挙への立候補を取り止めて、特別会計に目をつけ、自分たちの身の振り方を特別会計に関係する団体への安全かつ旨味の多い天下りへと転換したのはさすがですね。

政治家の言うことは、ほとんど聞かず、自分たちの裁量で官僚たちは特別会計にガンガンお金を流し込み、援助金も増大したのです。しかも、この時に急激に借入である国債発行が35～38兆円と上昇したのでした。

資料は全団体分あるのですがここは紙面に限りもありますので、一部抜き書きで二〇一二年度の特別会計を左頁に紹介してありますので、ご参考にしてください。

特殊法人の特別会計

団体名	政府 投下資本	1年間の 交付金	損益
NHK	8700億	不明	△530億
奄美群島振興 開発基金	160億	不明	△ 56億
港湾空港技術 研究所	140億	12億	0.28億
農産生物資源 研究所	403億	34.9億	100億
種苗管理セン ター	93億	1億	
東京大学	1兆3150億	100億	
京都大学	3887億	137億	
国立科学博物館	816億	12億	
国立青少年 教育振興機構	961億	21億	

※　公務員共済年金も非常に多い

※単位は円
2012年度財務省発表

世界の大学ランキング

1位	カリフォルニア工科大学 (アメリカ)	私立
2位	スタンフォード大学 (アメリカ)	私立
3位	オックスフォード大学 (イギリス)	私立
4位	ハーバード大学 (アメリカ)	私立
5位	マサチューセッツ工科大学 (アメリカ)	私立
6位	ケンブリッジ大学 (イギリス)	私立
7位	プリンストン大学 (アメリカ)	私立
	⋮	
30位	東京大学 (日本)	国立
57位	京都大学 (日本)	国立

イギリスの大学教育雑誌　Times Educationによる
(2012～2013)

東京大学が出たので、ついでに外国の大学も右頁に抜き出してみました。世界の大学と比較してください。何故、こんなに世界の一流大学群は、私立なのでしょうか。絶えず無駄を消去して能率のよい勉強をしているのでしょうか。

今、世界の一流大学は私立

右頁の表のように世界の大学の上位には私立大学がズラリと並んでいて、互いに競争です。

日本はどうでしょう。競争はない。学費は安い。設備はタップリある。官僚になれば無競争で甘い蜜は待っている。死ぬまで二次・三次天下りとお金は黙っていてもついてくる。「どうして競争の中に入ろう」なんて思うものか、というところでしょうか。

ちょっと例を挙げてみますと、社会保険庁などにはお金が集まって集まって、初代の長官などは「こりゃいい、いいシステムだ」と言ったとか。

そうなんです。お金は集まり放題、そのお金で全国あちこちに保養所だの娯楽施設を次々と無計画に建て、自分で汗水たらして仕事をして集めた金ではないので、使い放題。

これを新聞に叩かれると、1億円だ、10億円で建てた施設を、いとも簡単に10万円だの100万円だので売却計画をして、あとは知らん顔の半兵衛を決め込むんですから。

そのシステムに上手に乗っかるのが高級・中級の官僚。彼らは一次天下り、二次、三次と死ぬまでお金が入ってくるのです。特別会計を利用した巧みな蜜のシステムを作ったのです。ほんとうに悪い奴(やつ)らです。

国債買戻し積立金をつくろう

同じように県でも市でも、こういうシステムがいっぱい残っているのです。県立施設などで80歳くらいの留守番をしているおじいさんがたむろして、県から給料をもらっているのを見たことがあります。

彼らは何の研究者でも専門家でもないのです。彼ら官僚が天下りするのです。

市営バス・市のゴミ収集・公営地下鉄・守衛さんなどの組織はみんな民間に売って一般人を採用すれば、うんと税収が上がります。その売却益で国債の発行を減らしたり、買い戻しましょう。

県でも市でも我々の税金で食べている全く手の付けられない役人の何と多いことですか。

自分の勤めている会社（日本国）が総支出の半分しか収入がない非常事態なのに、給料を満額もらって平気で働いていられるでしょうか。

社長の総理大臣は日本の経済なんかどうでもいい、国民なんかどうでもいいと考えているとしか思えません。ただ目先のお金が欲しいと大節約は考えず、昭和五〇年代より国債を発行しだし、それが当り前のように毎年、毎年総支出の半分以上も借り入れ金である国債発行で賄（まかな）っているのです。一度知った蜜の味は止められないのでしょうか。このシステムを納税者である私たちはどう考えたらいいのでしょうか。いつか大きな不幸が必ずや来ると……株の大暴落が待っているのです。

「吉田学校」が終わったと思ったら今度は……天下りの蜜の味。「役人を3年やったらやめられない」。日本の国が潰（つぶ）れても役人はヘバリついて自分の権利を主張するのでしょうね。

熟れた桃に虫がつき腐り落ちるように、官僚が牛耳（ぎゅうじ）った時代も一刻も早く終わりを告げてもらわないと……こう私が嘆いている間にも、ノウノウと一次天下り・二次天下り・三次天下りと死ぬまでお金が入ってくるシステムにヌクヌクとしているんです。私たちの血税の中から大きなお金が一生彼らにはついて回っているのです。

この辺で蜜の味に一喝します。
西郷隆盛さん、大久保利通さんを見てください。このままの地方分権では日本は世界に敗れる、と命を懸けて明治維新を実行しました。殿様を退け、武士を平民にして、中央集権国家を作ったのです。産業を次々に興し、その従業員の一人たりとも公務員にはしなかったのです。

西郷隆盛は一身に責任を負って江戸（東京）から鹿児島に帰り腹を切りました。西郷から日本の行方を一任された大久保は懸命に、走りました。しかし、その一年後には暗殺されてしまったのです。しかし、志を継いだ人々は日本を、明治を守り抜いたのです。

時はさらに流れ太平洋戦争の終戦、昭和二〇年になっていました。

時の総理大臣吉田茂は、１５０倍にもなった大インフレを見事に克服したのです。

その大インフレでは物価が１５０倍にもなっていたのですよ。

その後を継いだ岸信介総理大臣が日米の絆をより固くして、日米安全保障条約を継続したのです。これが一九六一年のことです。

さらに二つ目の喝を入れさせてください。

ここで戦後の中興の祖である二人の総理大臣を紹介します。

昭和三十五年から務めた池田勇人総理大臣。その後は、昭和三十九年から昭和四十七年までの佐藤栄作総理大臣。

この立派な二人の総理大臣により戦後の厳しい経済、政治の復興は終了したと私は断言します。

国債も特別に発行せずに昭和二〇年代の大インフレ時代が終わって、昭和三十五年〜四〇年かけて、正常な独立国にした立役者なのです。

しかし、その後がいけません。田中角栄総理大臣の経済第一主義から始まって今日に至るまで、蜜の味の国債を発行しまくり、官僚の要求を抑え切れず、特別会計企業を設立し続けたのです。これを世に言う「役人天国」と申します。

その特別会計企業は毎年毎年、税金から五〇兆円もを吸い取る機関、政府系企業になってしまったのです。

たまたま、平成二十六年九月二十一日に、来日された李登輝元台湾総統の、東京での講演を聴きに行ってきました。

そこでは「アジア地域を守るのは日本である」と日本に熱いエールを送っていました。

税収に対する国債の割合

	国			金額	割合
一般会計	イギリス	歳入	税収	69兆円	
			国債	25兆円	28%
		歳出		89兆円	
	フランス	歳入	税収	99兆円	
			国債	21兆円	17%
		歳出		130兆円	
	ドイツ	歳入	税収	102兆円	
			国債	32兆円	23%
		歳出		135兆円	
	日本	歳入	税収	37兆円	
			国債	44.3兆円	112%
		歳出		92.3兆円	
日本の特別会計	累積国債　1100兆円。それもここ10年間で増えた。 事業規模　約150。総歳入約350兆円。 不足金は全て各省庁（国）や地方公共団体が出している。その額たるや53兆円。 ゆえに企業執念とか、企業努力がない。 赤字は当然国や地方公共団体が埋めてくれると思っている。				

※日本の累積国債1100兆円超。それもここ10年、森喜朗・小泉純一郎・安倍晋三・福田康夫・麻生太郎・民主党内閣で急激に増えたのです。上の数字を見ていかに他国は国債の発行の割合が低いかお分かりでしょう。

国家予算　2012年（平成23年）調べ

「日本は元の日本に戻ってください」とのエールに今の政治家は何と応えるのでしょうか。

ちなみに李登輝元総統は、台湾の旧制台北高等学校から京都大学に入り、学業が終わると大阪の陸軍師団に入隊し、太平洋戦争に出征。それも二等兵を志願したのです。つまり、苦労を買って出たのです。希望は満たされず結局、少尉に任官されるのですが。やがて終戦。帰国すると台湾を毛沢東の迫り来る中国共産党軍から守った、その人です。

建築ラッシュと役人天国の始まり

例えば10億円の建造物（橋・道路・公園・公会堂・トンネルなど）を年に一つずつ造るとする。そのメンテナンス代が仮に年間1億円（人件費を含む）掛かるとする。

メンテナンス代はバカにならず、10年目には10件の建物が建つのだから、軽く10億円になりますよね。

毎年10億円のものを一つ造っても、メンテナンス料は10年目には10億円にもなるんです。税収が毎年上がらないと、10年間の建物10軒は維持できないということです。10年で合計は１１０億円の金額が必要になるんです。

箱物建築のメンテナンス費用

（建物の減価売却費を50年とする）

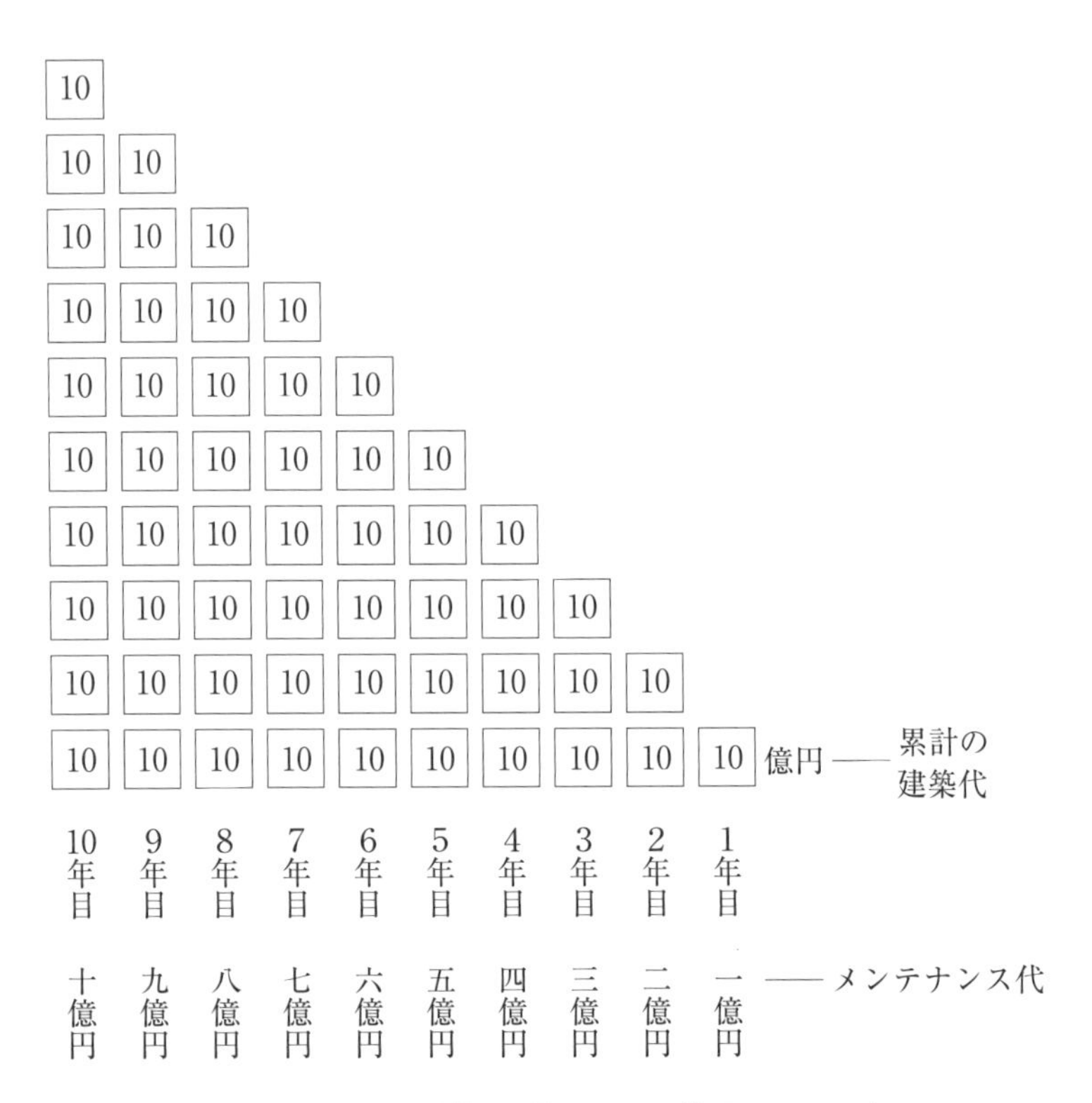

10 年目はメンテ代 10 億円と新築代 10 億円で、20 億円かかるのです。
各自治体は箱物行政を 10 年経ったら、もう維持できなくなってやめました。でも分かるのが役人さん、遅すぎはしませんか。

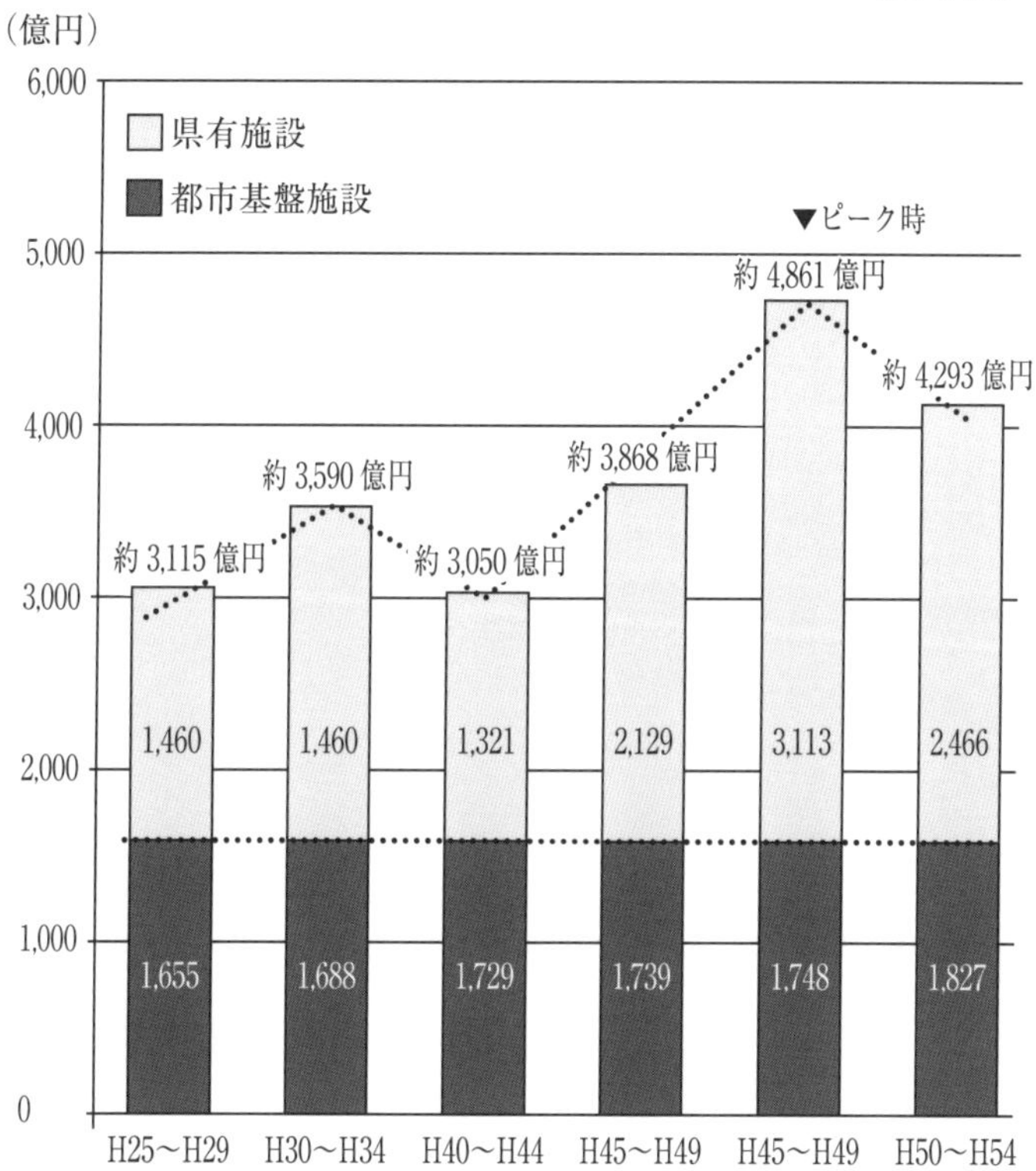

※神奈川県は、維持修繕コストの将来の推計を行った。それによると 2013 年度から 42 年度まで、今後 30 年間に必要な費用は、公共施設全体で約 2 兆 3000 億円にも上るとしている。

内訳は、県有施設が約 1 兆 2400 億円、都市基盤施設が約 1 兆 400 億円。33 年度から 37 年度にかけて維持修繕コストのピーク時期を迎える。

（2013 年〈平成 25 年〉8 月 30 日　建通新聞より）

※箱物は作れば便利になるが、維持費はドンドン増えるのです。それには税金をドンドン増やさなければ維持できません。箱物の恐ろしさがお分かりになるでしょう。気がついてもストップはかけられないのです。

第十一章　「日本税制の立て直し」はまず特別会計の消滅から

異常な国債発行は財政法4条違反!?

ご存知のとおり、近年、日本は異常な国債発行の増加ぶりで、債務残高の急増が、ここ10年〜15年の間に見られる。この異常を直そうではないか。

重ねて言いたいのは、公務員、例えば役所に勤めている掃除のおじさんと一般企業に勤めている掃除のおじさんと比べると、公務員は労働内容が楽で休みが多いにもかかわらず、共済年金まで税金で払っている。給料は一般企業のおじさんより153頁の表のごとくはるかに高い。

そば屋のおばさんと学校給食のおばさんとの労働の比較をしよう。学校に勤めているおばさんは1日の実働が、たかだか4〜5時間。そば屋のおばさんは夜遅くまで働いていて、この給料格差。

これは市バスも地下鉄の運転手さんも守衛さんだって同様なんです。一体この2人のどこに労働内容の違いがあるというんですか。まったく同じか、むしろ公務員の方が楽なのに。休日は多いし、給料も高い。

我々納税者としては、こんなのやってられないですよね。公務員の方にも言い訳はいろいろあるでしょうが……。

お金が足りないから増税しよう、どの項目にしようかな！　なんて舌なめずりをしているようで、国民の一人として怖いのです。

今は日本にとって非常事態でしょう。第三章でも書いたように薩摩藩の西郷隆盛や大久保利通が、そして長州藩が、土佐藩が京都で大改革をやりましたよね。

外国の帝国主義国の侵略を、この時は日本も一つになって戦った京都維新。そして第九章でも書きました上杉鷹山の国家再生術。この2項目を踏まえて公の付く労働者・機関・組織・企業は全部平等に民間企業、民間労働者になりましょう。そして日給・時給の人と比べて給料を決め直しましょう。そしてみんなで、平等な労働条件で働きましょう。公の人だけが楽をする時ではないでしょう。イヤな人は即刻辞めてください。それこそが「国家改革」の始まりです。

再び申し上げます。日雇労働者は仕事のないことに、常に怯(おび)えているのです。

いつも安心して働きたいものです。役所の休日の多さには閉口です。彼らはいくら休んでも誰か交代がいるから安心して旅行にも行ける。また代理でも務まるような簡単な仕事なのです。これでは公務員と民間労働者の格差があまりにもあり、不公平です。

公務員とは公僕でしょ。国民のために働く人のはずです。それが国民の倍以上の給料を取っているなんて信じられないですよね。国民は魚を獲ったり、お米を作ったり忙しいから、公務員に諸々の仕事の代用を頼んでいるんでしょ。

民間の労働者は失敗したり、2、3日無断で休んだらクビになりかねないんですよ。ところが公務員などはクビにする権限が事務所の所長や学校の校長にないのです。これでは能率を上げて仕事をする者は出て来ない。この矛盾！　しかも公務員たちは困れば労働組合に駆け込めば、組合と労働基準法が身分を守ってくれるカラクリ。

しかし現実には1日働いて幾らの世界で生きている我々職人は、私が言っているような世の中に、政府に、マスコミにモノ申すなんて、1人もいない気がするのです。ただ働くのみ。そして納税するのみです。これが現実だから情けない。

また、日本国内では次の現実がまかり通っています。

世界一高い固定資産税

例えば土地と建物を合わせて評価額1億円の住居に暮らしていいるとすると、年間約38万円の固定資産税を支払うのです。まったくひどい状態なのです。1億円以上の土地に住んでいて年金で暮らしている老人など大勢いますよね。しかも、これからこういう人がドンドン増えていきますよね。これって、この先どうするんだろう。

現業公務員給与の民間との比較(年収ベース)	平均年齢(歳)	年収(万円)
清掃職員(公)	43.8	730.0
廃棄物処理業従業員(民)	43.3	419.6
学校給食員(公)	46.0	589.2
調理師(民)	41.5	351.3
用務員(公)	47.7	635.7
用務員(民)	53.7	331.5
自動車運転手(公)	48.1	670.4
乗用自動車運転手(民)	52.5	387.8
守衛(公)	46.2	693.7
守衛(民)	58.2	363.1
電話交換手(公)	47.9	652.3
内線電話交換手(民)	41.4	305.0
バス運転手(公)	45.1	733.2
バス運転手(民)	45.3	449.7

※(公)は公務員、(民)は民間。総務省調べ

神奈川新聞　2007年7月4日付より

総論（この場合の総論とは「国の借金をどうやって減らして、借金のない正常な国にしようか」という方法論を言っているのです）で論議をしましょう（例外の話はやめてください。それでないと総論の話は前に進みません）。

今の日本は国が正しく機能するためのお金が足りない。その原資になるべき税収が少ない。それなのに支払い先が多いのです。

借金＋大量の国債発行（10年先の税金の先取りです）と問題点が山積みです。

休日の多さ少なさの較差

この休日の問題に我々職人は全然参加してません。労働時間を少なくすることは労働基準法に則（のっと）ってやっている――と言った所詮、公務員、大手企業の労働組合と寡占（かせん）企業が合意して決めたものでしょう。我々職人は常に競争にさらされているのです。

我々日雇労働者の意見なんか、どこにも入っていないのです。このことについての反対発言をいまだに聞いたことがありません。我々日雇労働者が彼らエリートと同じ真似をしたら、お客からは嫌われ、雇主からも嫌われるのが現実なのです。だから、たとえ

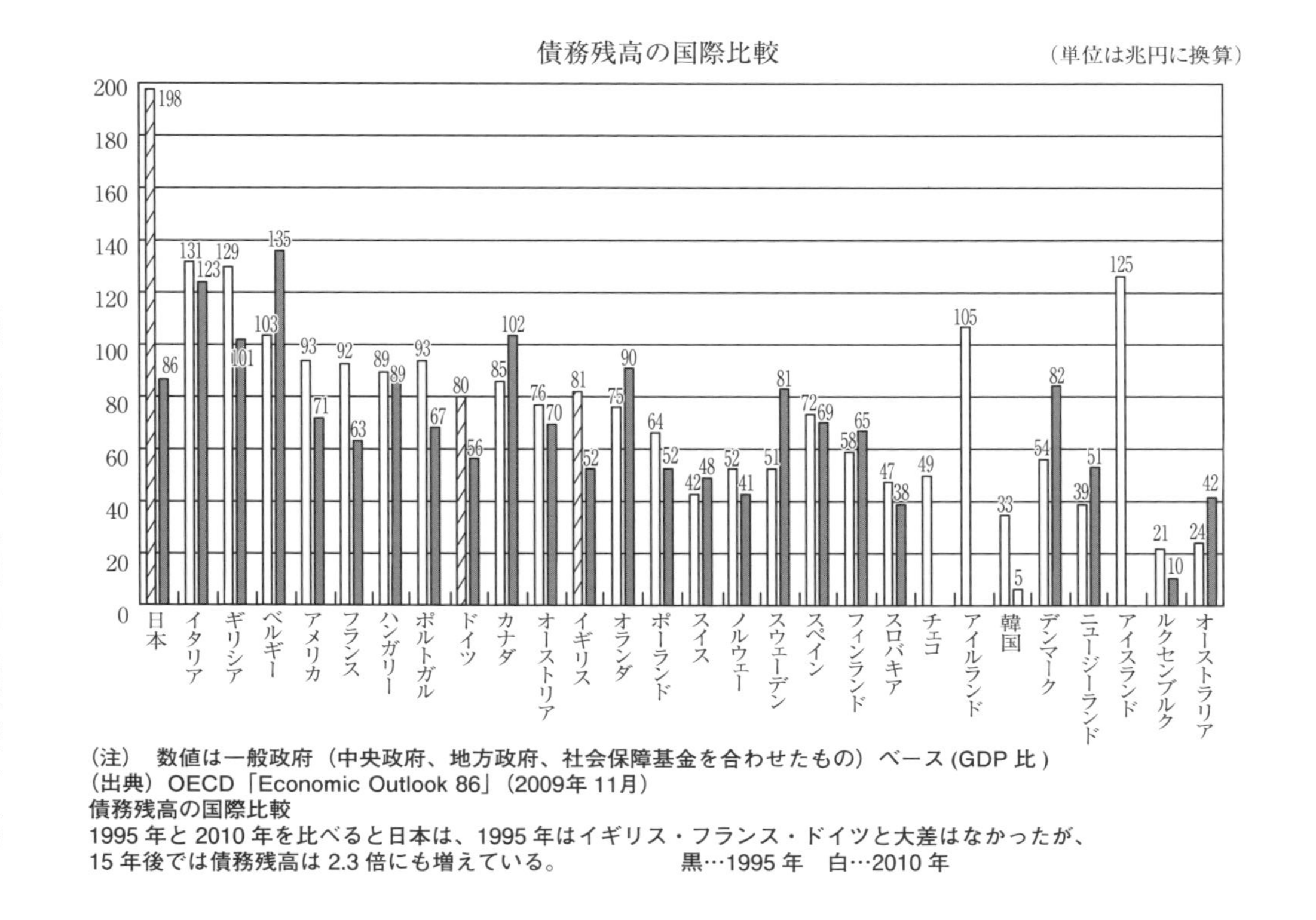
債務残高の国際比較
（単位は兆円に換算）
200
180
160
140
120
100
80
60
40
20
0
198
86
131
123
129
101
103
135
93
71
92
63
89
89
93
67
80
56
85
102
76
70
81
52
75
90
64
52
42
48
52
41
51
81
72
69
58
65
47
38
49
105
33
5
54
82
39
51
125
21
10
24
42
日本
イタリア
ギリシア
ベルギー
アメリカ
フランス
ハンガリー
ポルトガル
ドイツ
カナダ
オーストリア
イギリス
オランダ
ポーランド
スイス
ノルウェー
スウェーデン
スペイン
フィンランド
スロバキア
チェコ
アイルランド
韓国
デンマーク
ニュージーランド
アイスランド
ルクセンブルク
オーストラリア
（注）　数値は一般政府（中央政府、地方政府、社会保障基金を合わせたもの）ベース（GDP 比）
（出典）OECD「Economic Outlook 86」（2009年 11月）
債務残高の国際比較
1995 年と 2010 年を比べると日本は、1995 年はイギリス・フランス・ドイツと大差はなかったが、
15 年後では債務残高は 2.3 倍にも増えている。
黒…1995 年　白…2010 年

日本政府の約1000兆円の借り入れの内訳

（2012年度末現在）

日本の政府債務残高				
合計 1,085兆5,072億円（100.0%）	国債 828兆7,281億円（76.3%）	普通国債 708兆8,547億円（65.3%）	建設国債	246兆6,694億円（22.7%）
			特例国債	425兆2,457億円（39.2%）
			減税特例国債	2兆1,114億円（0.2%）
			交付税及び譲与税配付金承継債務借換国債	1兆4,431億円（0.1%）
			復興債	12兆6,806億円（1.2%）
		財政投融資特別会計国債		113兆4,659億円（10.5%）
		交付国債		1,984億円（0.0%）
		出資・拠出国債		1兆7,296億円（0.2%）
		株式会社日本政策投資銀行危機対応業務国債		1兆1,700億円（0.1%）
		年金積立金管理運用独立行政法人国債		2兆4,879億円（0.2%）
		国家公務員共済組合連合会国債		672億円（0.0%）
		日本私立学校振興・共済事業団国債		290億円（0.0%）
		日本高速道路保有・債務返済機構債券承継国債		7,254億円（0.1%）
	借入金 57兆3,701億円（5.3%）		借入金	17兆2,559億円（1.6%）
			短期借入金（5年未満）	40兆1,142億円（3.7%）
			財政融資資金証券（年度越の額）	2兆7,000億円（0.2%）
			外国為替資金証券（年度越の額）	195兆円（18.0%）
			石油証券（年度越の額）	1兆1,916億円（0.1%）
			食糧証券（年度越の額）	5,175億円（0.0%）

（注）1.本表は、平成24年度当初予算の計数である。
（注）2.単位未満四捨五入
（財務省資料より）

ば土曜日でも日曜日でも仕事があれば飛んで行くのですよ。とにかく「労働の密度（労働賃金）の較差を同じにしてくれ」と声を大にして言いたいのです。

公僕とは「公衆に奉仕する者」（広辞苑）とあります。ならばその者が楽して高給をとったら、こりゃ公僕じゃない。むしろ司令官ですよね。しかも役所の休日が多すぎて用件の連絡がとれないことが不便です。当然、土日の開庁も工夫すべきでしょう。

なんでこうも労働密度が違い、給料が違うんですか。とにかく現在の日本は働いて納税する人が少ないんだから、全員が労働者になって同じ俎板（まないた）に載（の）せて、全員平等に働くシステムにすべきなのです。そうしないと、日本の未来はないのですから。

お金の発行権を握る政府

では、今日の日本の現状をつぶさに見ていただきましょう。

みなさんの持っている一万円札や千円札はどういう手続きで印刷され、我々の手元に渡ってくるのでしょう。当然、それらの紙幣は労働の対価としてもらうものです。そしてその紙幣の発行権は日本銀行（政策委員会）にあります。日本銀行と政府が相談し、お金の発行量が決まります。それは今の商品の流れ、経済の具合＝商品の生産と消費の量と一般市民が生活するのに必要なお金＝購買力を見ながら決めています。平時はさほど問題はなく、政府と日本銀行とが相談してます。ところが、いつも平時ということはありません。

日銀はお金（紙幣）の発行量によって経済が健全に営まれているか、市民に購買力はあるかを絶えず調べて政府に報告し、紙幣の発行量を調整しています。それも租税収入があくまでも基本。でも、税金の収入を中心に考えて国家運営すべきです。

それが平成元年（一九八九年）、租税収入が急上昇していた時、手に負えない大きな事件が起きてしまったのです。来るべき時が来たのです。

それは大阪の一個人の物件を担保にさる金融機関が二重投資していたことが発覚したのです。それがもとで、異常な証券投資の実体が暴かれたのです。証券（株券）の急落に端を発し、証券の大暴落が始まったのです。それはすぐに証券のみでなく、ドミノ倒しのごとく商品相場、土地、ゴルフの会員券と投機の対象にされていたもの全てが大暴落を始めたのです。投機対象の物件はバブルが弾けるように急激に下落しました。あの頃は日本人一億総投資家と言われた時代です。銀行が先頭に立って「判子さえ押してくれれば、この家はあなたの物です」式に、お金を貸しまくった時代です。

投資をしない者はバカか、よほどの変わり者と言われた時代だったのです。

　そんな狂乱の時代は平成元年から10年ほども続きました。しかもそれが終わりを迎える頃でも、まだまだデフレーションは続いたのです。銀行は潰れ、北海道拓殖銀行・日本債券信用銀行（政府系）をはじめ、大・中・小企業はバブル崩壊の名のもとに多数が多額のローンや債務を負って潰れ、倒産しました。大銀行も大企業も経営危機に落ち入りました。貸したお金（債権）が取り戻せず、不渡りの続出でした。

　日本政府は「銀行が倒産すると、日本国の台所がやっていけなくなる」と銀行を何としても守るという方針を固め、今まで徐々にではありますが国債を発行していたのが、この度は特例として国債20兆円を発行し、日銀券（紙幣）にして、三井・三菱・住友・富士（当時）等のメガバンクに２０００億～３５００億円の資金を緊急貸付しました。その結果、どうにか大手銀行の倒産を回避することが出来ました。しかし日本の購買力は低く、デフレ状態が続くのです。

　失われた10年と言われていたが、もはや20年になっていた。平成二〇年（二〇〇八年）、突如、アメリカ発のニュースが世界を震撼させた。「投資会社リーマン・ブラザーズが倒産の危機」との情報である。

幸い、当時の日本の会社は全体に勢いはなく、リーマンに投資する会社は少なく、被害は比較的少なかったらしい。しかし世界の大企業は凍り付いたと言われている。

一気にリーマンショックまで同じ流れなので急ぎ足で話をしましたが、バブル崩壊の時の日本政府の対応はどうであったのか。平成一三年（二〇〇一年）、小泉政権一年目のことであった。バブル期の総理は宇野宗佑、海部俊樹でした。

政府が執ったのはバブルを克服して何とか銀行や企業を救済する方法で、それが日銀のゼロ金利政策であった。

バブル後13年、ようやく日本企業も立ち直りかけていたその時、アメリカ発のリーマンショックが追い討ちを掛けたのであった。かつてない未曾有の大ピンチに対し、時の政府の執った経済政策は、

●ゼロ金利政策は維持する
●郵便局を民営化する

というものであった。特に郵便局の解体には賛否があって、かたや、郵政の公務員を民間の一般労働者に変更したのだからいいだろうと胸を張る。一方、「個人貯金が海外

取引の道具に使われ、投機市場に流れたら大変なことになる」という非観論が危険感を煽(あお)った。

結局、株は売ったのか。郵政の公務員は一般労働者にしたのか。答えはノー。なにも変わっちゃいない。

「構造改革なくして経済成長なし」

この小泉純一郎首相の謳(うた)い文句に国民が引きずられ拍手を送ったが、我々中小企業の労働者にとってはひどい目に遭(あ)うことになった。

しかし、旗を振っていた当の小泉氏は改革中途で引退したから、我々にはよかったが。また、タクシーの運転手などは構造改革のあおりで無制限に参入してくる新しいタクシー会社に客をとられ、収入は激減したと泣いていた。

私共の業界も県・市の入札などで、今までは業者指定を役所がやり、指名業者のみが入札に参加をしておりました。市・県の積算した予定価格付近で落札していた（前述のように建設物価版は市販されている）。ところが仕事が少ないのも手伝って、全県または全自治体の業者は「フリーで入札できる」という国からのお達しもあり、面識もない業者が本来あり得ない価格で仕事を落札して持って行くのです。私はバカバカしくて県・市の仕事の入札はやめました。横浜市の地元業者でありながら残念です。

ところが、マスコミからは「やればできる」の喝采（かっさい）であった。

政府・県の入札の自由化とは誰でも入札に参加できる。前述のごとく、これによって建築業者は壊滅的な打撃を受け、神奈川県の有力建築業者20社のうち半数もが倒産したんですよ。この事実の上に立ってモノを言ってもらいたい。こんな小手先のことをするのではなく、もっと政府内部をうんとかき回して、確実な節約の方法を見つけて実行すればいいんですよ。頭のいい官僚や政治家揃いなんだから、本気を出して、やる気になったらできないはずはないでしょう。どうしてプロがやって結果が出せないんだろう。本気を出してやると何か不都合なことでもあるんでしょうかね。利権とかを優先しちゃってね。やる気さえ出してくれれば即効果が出るのに……やりたくない理由があるんでしょうね。そんなことで日本を潰（つぶ）してしまっていいんですか！

とにかく他の業界と比べて、土木建築業界の経営基盤は極めて弱いのです。短絡的にやれ「談合だ」「談合して税金のムダ遣いだ」と無責任な報道が、結果として過当競争を煽っているとしか思えてなりません。このままでは建設業者はやせ細って、さらに倒産が増えることになると杞憂するのは私一人ではないと思います。

国民や会社を窮地に追い込むのが政治ですか。目先のことに引きずられて、業者ルールを撤廃したことで、結果として国民もひどい目に遭ったのです。

たとえば東日本大震災規模の災害が起きたら、あなたや神奈川県民はこんな一発屋に郷里や神奈川県や横浜の復興を依頼しないでしょう。そうならば神奈川を守る建設土木会社を、我々市民は育てて守らなければいけないし、私も及ばずながらその一人としてこの業界を育て守りたいと思っています。

そのことについて神奈川県の役所はどう考えているのか、ぜひとも広報誌などで特集してもらいたいものです。

つまり、話がいろいろ飛びましたが、小泉さんの政策は確かに大勢の気を引きはしましたが、私は決して賛成できるものではありませんでした。しかも国債発行額も統計を見ると決して下がっているとは言えません。何かの「役所を減らす」とも言っていましたが、実際に行われたなら財政は改善されなければいけないし、国債発行高は下がらなければならないのに、口で言うほどに数字が動いていません。却って悪い方に動いている状態が読み取れますが、これいかに？

終　章　最後に言いたい放題

「平等」とは一見きれいな、感じのよい言葉だが、実は人間の「エゴ」そのものではないでしょうか。

先にも述べましたが、特に社会主義ではやたらに「平等」という言葉を使いたがる。平等の名のもとに自然を壊し、地球を壊す。そして、相続税の強化は「国民は本来平等が正しい姿」だといって、人間関係を壊しているのである。

現在も相続税のために親・兄弟は義理も人情もなく、家も屋敷も裏山も畑もすべて納税のため切り売りして自然を壊しまくる――。

その論拠が社会主義にあります。「平等」をあたかも正論と思わせて、国民を人間関係を地獄に突き落とすのです。

庭付きの家の人をアパートの住民が見て、「人間としてこれは不平等ではないか」と言う。もしこの言葉を正論とするなら、世の中の人間はきっと努力する者、働く者はいなくなり、公務員だけが残る現象となるでしょう。

この考えは人間の自然や地球に対して傲慢（ごうまん）以外の何ものでもありません。何故なら人間も動物の一種にすぎません。人間だけが地球を、自然を自由に使い、また壊すことが平等でしょうか……。

ちょっと話を相続税に戻しますが、ここ1000年～2000年の間、相続税を課し、それを支払うために家・屋敷を壊し、土地を山を小さく分割して、切り売りする。そのお金を政府に納める――。かつて日本にこんな制度があったでしょうか。

一刻も早く相続税をなくし、日本の自然を風土を守りましょう。そして、助け合いの心を取り戻しましょうよ。

個人情報の厳守なんて一体、誰が決めたんですか。

人間は和して協力して、助け合い、生きてゆくのが道ではないでしょうか――。

公務員の傲慢・エゴで国民からお金を吸い上げ、本人は額に汗せず、たいして労働もしないで、偉そうに高みに座っているだけ……。

こんな時代が、有史以来2000年の間に、古代とか封建時代とか近代にありましたかね。特に封建時代は武士以外は大変に圧迫がひどい時代と学校で教えられたように思いますが……これが、実情は地方自治がしっかりしていて、農民は農民、町人は町人でお互いに助け合いながら生きてきたということがよくよく分かりました。

税金なども当然、その年に穫れた品物で30～35パーセント程度納める。または織物など現物で納める。あるいは労働で納める。実に理にかなった税金ではないでしょうか。

それが今ではどうですか――。

10年も先に、まだお米の形もしてないのに、政府はまるでマジックのごとくに国債という借金証文を発行してお金に換えているのです。しかも、税金はお金を借りてでも「現金で納めろ！」一部物納もありといって、相続税の名のもとに国に納めさせる。「支払えない」というと、金融以上の高い利息を払わせてまでも、延滞金を巻き上げるのです。

しかも許せないのが、この税金を何と政府はたった1年間で使ってしまうのです。10年後にはその国債分は当然のこと不足分として増税してくる――それを国民は支払うのです。支払わなければならないのです。税金の滞納という罪として。

政府は10年国債を発行した10年後には当然返済するのですから、慢性的に借金地獄、返しても返しても借金は新たに増え続けているのです。しかも、国家予算の中から幾らこの国債の借金の利息を払い続けているか皆さんは、ご存知ですか？

恐ろしい金額が毎年々出て行くのです。高い税金を払っても国にはお金が残るはずはないのです。

増税は今後もドンドン来ます。

今の日本の経営者＝政府は一体何を考えているのでしょう。

渡部昇一著『歴史の鉄則　税金が国家の盛衰を決める』にもありますように「今の時代のように際限の無い増税は酷税(こくぜい)であり、日本の歴史はじまって以来最悪です」と書いている通り、人が死んだら徴税役人が強盗以上に堂々と金を取りに来る。

繰り返しますが、金がなければ「土地・田畑や山、山林を売れ」。その結果、自然が壊れても知ったことではない……。

これが今の政府のやり方なのです。

「こんな時代は過去に全く例が無かった」とこの本には書いてあります。

その通りです。私の気持ちを見事に代弁してくれてます。

100俵のお米が穫れたら、この中から何俵お殿様が必要だからと納める。誰でも分かる論法ではありませんか。

それが現代ではどうですか。

例外、端論に対処するため、省・庁・部・課・係をどんどん増やす。

それと特別会計の企業団体を増やしていくのです。そして従事する公務員をどんどん増やす。

汗水たらして、生産に携わることなく、堂々と大金をもっていく人を増やす国家システム――これでは幾らお金があっても足りる訳がないのです。

このシステムにした政治家、特に官僚たちは、これからもドンドン増え続けていき、ついには1100兆円超にものぼる国債借金をどういう気持、思いでいるのでしょう。

「自分さえよければいい」と、自分たちに有利なことばかり決めているあなた方には、聞いても無駄だとは分かっているんですが……。

1100兆円超もの借金を横目に見てエヘラエヘラしていられる国家官僚が気に食わないのだ。

自己責任は全く感じていないのでしょうか。

この1100兆円超は必ず国民に増税となって降り掛かってくるのだ。

国家官僚が責任をもって予算案を作ったんでしょう。

作った官僚が「借入国債が0円になるまで責任を取れ！」と言いたい。それも10年国債なんだから、10年のうちにですよ。

それとも例の得意ワザでちゃっかり政治家の責任にしちゃいますか?

それなら両者に五分五分の責任を取ってもらおう。「お互いにやり合えよ」。

庶民=納税者はどうなってもいいのですかね。日本国はどうなってもいいんですか。

最早この人たちに何を言っても繰り言で片付けられるんですよね。それならば、私の唱える論(暴論かもしれませんが)に、一つ真っ当な人たちが立ち上がろうではありませんか。今ならまだ、何とかなるんですから!

この借金と酷税大国からみんなで協力し合い「税金ドロボー」を退治して、借金のない明るい日本にしようではありませんか。

昭和二十年から一度立ち直った国家政策が、四十四年前に再び借金国債発行に火がついたのです。

なんとか、(一~二年では無理でしょうから)せめて十年で、イキイキとした国にしようではありませんか。

最後になりましたが、自分の家庭であった話をさせていただいて、この章を終わりとさせてください。

＊

「お父さん、大学に行きたいんだけど。東京大学へ」

「ふ〜うん。でもな、文Iだけは行くなよ。自分で労働しないで、利益、私益だけを稼ぐようなこと教える学部はやめな。私利・私欲だけを追求する人間にはなるな」

とだけクギをさしておきました。

やがて子供は、理IIの自然科学分野を勉強するために入学した。

そして、四年の時、国家公務員上級の試験を受けた。

何度も何度も東京の霞ヶ関に行った。面接にだ。

やがて合格。本当に合格順位のハガキが来た。

順位「2番」での合格であった。

しかし、本人は何故かそちらの方面には行かず、大学院へ行った。

そして週に一度、我が家に帰ってきた。いっぱい荷物を持って。そして、月曜日にはまた、いっぱい荷物を持って東京へ。

修士の研究室にはソファーがあって、そこで寝泊りが出来るのだ。

守衛さんとはすっかり顔馴染みになっていったとか。

そんな子供が修士課程を卒業して、小さな小さな寺子屋のような家（東京・池袋）で個人塾を開いて生計を立てている。

息子が、ある日こんなことを言った。

「僕は1時間、生徒を教えるのに、自分は3時間くらい予習勉強して生徒の立場に立って、どう教えたら生徒は理解するのかを考え教壇に立っている」と。

「そうか。吉田松陰みたいな立派な教育者になれ」

と言ってやった。

こんな小さな話も、この本を読んでくださった方々にお伝えしたくなり書き添えました。

再復刊によせて

社会保障費が急増しています。これはいったいなぜでしょうか。再復刊にあたり、あらためて考えてみたいと思います。なお、拙著『消費税は減税できる！』でより詳しく解説しています。興味のある方は一読いただければ幸いです。

太平洋戦争後の日本。GHQ、アメリカを中心とする占領軍に支配されていました。中心人物は、いわずと知れた連合国軍最高司令官ダグラス・マッカーサー元帥です。物資を作る人間が大勢兵隊に行ってしまったために、戦後の日本には生活物資が少なく、生産能力は下がっている状況で、日本の兵隊は敗戦でドンドン日本に帰ってきました。生産以上に消費されるのですから、当然のようにインフレは過熱、生活物資の価格は次々と上昇しました。その状況は、単なるインフレではなく、「ハイパーインフレ」であったとも言われています。日本の物価の上昇は、大きいもので一〇〇倍にもなってしまいました。今まで1銭だった物が1円になってしまったのです。

この日本経済に対処すべく、マッカーサー元帥は二人の重要人物を本国アメリカから呼びよせました。この経済を立て直す為の人物、それはデトロイト銀行のドッジ頭取、コロンビア大学教授のシャウプ教授です。

ドッジの政策は緊縮財政であり、インフレ抑制など、日本経済の自立を目指したものでした。赤字前提の国家の支出（赤字国債）は禁止、特別会計のおめぐみ補助金は禁止、1ドル＝360円の固定レートといった政策を行いました。それは、「ドッジライン」という名称でも有名です。

一方、シャウプ教授は「シャウプ勧告」で有名です。日本の税制改革を主に実行しました。その中でも、贈与税・相続税は、財閥等への富の集中を防ぐため、最高税率を高くしました。相続税の税率が高く改正されたため、昭和二十五年から大きな土地が中くらいの土地、大家族が中家族とドンドン小さくなっていきました。

シャウプ教授のやったのは間接税中心で、相続税・贈与税です。またそれ以外にも、地方の財政が疲弊していたため、地方税制改正を実行しました。

日本には明治時代から地租（土地に対する税金）や家屋税（住宅に対する税金）があ

りましたが、地租や家屋税を統廃合し、原則市町村税として、固定資産税が創設されたのです。地方自治体の財政強化をこころみたのでした。

相続税の改革は昭和三十年代頃から徐々に効力を発揮しはじめ、家族人数はドンドン減ってゆきます。

一家の家は小さくなり、大きな家に税金（固定資産税、相続税）で住めなくなりました。江戸・明治・大正・昭和二十年まで続いていた家族の集合体はなくなりました。『消費税は減税できる！』で説明した囲み理論の、お金のかかる一人暮し形態です。

諸悪の根源と考えるのは相続税です。どこからもお金が入って来ないのに親がなくなると、親から財産をもらったから、当然所得である。所得があるとみなされ、田・畑・家・山（当然、入会権もはいっています）を売ってお金を納めろと政府は取り立てます。30パーセントくらいの金額をとられるのです。

このような策が功を奏して、戦後の超インフレーションは沈静化しました。

これはあくまで戦時法であり、事を成せば当然なくなってしまうべき税金です。しかし相続税だけは残ってしまったのです。日本の国土が、山が、集落が、人情が壊れていくのを知りながら、そしてそれを見ていながら、日本政府は安直にお金が入ってくるのをあてにして、75年間も相続税の制度を続けてしまったのです。

その結果、相続するたびに相続税をとられることによって、家や土地を売却して税を払うことになりました。土地は小さく、家は小さく、家族の単位も小さくなってしまったのです。

家族の人数と社会保障費をみてみると、昭和四十年、家族の人数が4・1人、社会保障費は0・5兆円弱でした。昭和五十年は3・19人、平成二年は2・78人、平成十七年は2・38人、社会保障費は平成二十二年に27兆円超えと、国家税収の6割近くにも達しています。

小家族、少人数になればなるほど、それぞれ支えるお金はかかるのです。

緑の山は消え、地球温暖化はドンドン進み、その一方で国力はドンドン弱くなり、増税と国債に頼る国。その一方で、個人個人がお互いに協力しあうことが少なくなっている国。それが今の日本です。

政治は混乱しています。
日本の強い指揮官は出てこないのか。
なんとか、この私の本から、日本再生の糸口を見つけて欲しいものです。

森下正勝

番外篇

散文　京都にて

こゝは祇園、大きな通りを渡り
細い坂を上りはじめる
右にも左にも小店（コミセ）が軒（ノキ）を連（ツラ）ねていた
上からは３３５５人が下りてくる
自分は人を避けながら登っていく
長い長い上り坂であり、細い道は右から左からまじわりながら上へ上る
やがて広場に出る
清水（キヨミズ）の本堂を見上げる
人が多くなってきたので行くのを止（ヤ）めて西の方面に道をとった
ゆっくりとした足どりで下りはじめた
桜の季節にはまだ早い肌寒さの残る
舞子さんが連れだって上ってきた

目の前には広い空間が見える
円山公園である
右手に赤い提灯(チョウチン)が下がったお茶屋が見えた
料亭風のお茶屋であった
それを右に見ながら、自分は左手にそば処が2、3軒並んでいるその1軒に入った
鯡(ニシン)そばを注文した
なんとなく鯡は北海道の気がして違和感を覚えたが
たべてみると柔(ヤワ)らかで骨は全部抜いてあり　おいしかった
そんな京都丸山は平和そのもの
時の流れを忘れるような京の町
歴史の教科書では160年前、この京を舞台に歴史の大混乱、大変革が起こったのだ
長州の高杉晋作、桂小五郎、
土佐の坂本竜馬
薩摩の西郷隆盛
それを抑える幕府京都守護職

会津の松平容保（カタモリ）が２０００の兵を率いて戦っていた
その乱闘の中、血を血で洗う長州の志士と新選組
もう少しこの時代を掘り下げてみると
１６００年関ヶ原での敗戦により２００万石の大大名が
36万石の小大名に降格されて２６０年……
恨みの中で過（ス）ごした長州藩
それにひきかえ関ヶ原にも参戦せず
藩の大きさは60万石そのままという狡（ズル）さで２６０年を乗り切った薩摩
片や全く正反対に死にもの狂いで倒幕を戦った長州
可哀相なくらいである
反対に今は何もしないで明治維新の活動だけを見ていて兵力を温存していた薩摩の西郷
その兵が動くことによって幕府徳川の首を締めてしまった
その西郷もまた10年後にやられる。
一方、江戸二代将軍の落とし子として東北の伊達・上杉の圧力を守り抜き
幕末には京都守護職として本家徳川を守りそして死んでいった会津藩

時の流れとはいえ悲しい
以上の説明をしたあと私の私情を挟(ハサ)みたい
私の祖母は会津の生まれ
明治9年まだまだ江戸が残っていたのである
東京の明治政府は徹底的に会津を潰(ツブ)した
祖母は追われ追われて新潟の古町で育ててもらった
その祖母が私の子供の頃のしつけ「男のプライド」を教えた
母親は祖母に従い何も言わず
いつも笑顔で私に接した
これを見ながら育った私は……
どうしてもこの二人の女性の名誉をキズするようなことは出来ない
子供の頃からずーっとその名誉の保持に生きてきたような気がする
私は今70歳である
何かできることがあるであろうか

平成25年5月末

森下正勝

ここ十五年
特別会計に
お金を入れ放題
天下りはし放題

赤字国債は出し放題
税金は増し放題

我々労働者は
ますます絞(しぼ)られ放し

いったい
どうしてくれるんだい
政府さん

高級官僚さん
責任取ってよ

だいたい
責任なんて
感じてないんだろう

お金を
もらうだけもらって
さっさと退職
やってられないのは
納税者と労働者
ばっかりだ！

十年国債は
十年後には
返済するのだから
当然十年後は
また増税
毎年発行すれば
毎年増税だ

日本国の
財政・台所
こんな赤字

増税いったい
いつまで
限りがあるのか
続くのか

桃の花
花も実もある
こんな時

枯れ枝が
川面にたるる
春遠し

桜の季節
さぞや艶やか

咲いてよし
散ってまたよし
桜かな

満開の
桜ふるえる
春の雪

川縁（かわべり）の
　雨にうたれて
　　散る桜
あの悲しげな
風情（ふぜい）これも春

庭の隅
　日ごと青める
　　あじさいの
小雨の濡るる
夏のはじまり

すっくりと
路端に立った
あやめ花
思わず見とれ
しばし佇(たたず)む

待ち人の
一人待たる
月見かな

我が前を
巻きあがる落葉
山赤く
揺れる季節は
秋から冬へ

日だまりに
鴨（かも）と白鷺（しらさぎ）
日向ボッコ

所詮　税金
俺の金じゃない
工事中
また工事中
年度末
予算を使え
残らず使え

歳の瀬に
苦労するのは
納税人
楽をするのは
役人　先生（クラブ指導者除く）
日本を良くすることに
汗を流せ

ただ　ただ
増税ばかりが
続く日本

精一杯
生きた国が
借金だらけ
国債だらけ
誰が救うのか
日本

役人　公務員
終身雇用の
カベは
破るべし

70年前　遠い昔を思い出すと
唯一度
父に悟されたことがある
小四か小五の夕食の時
友達の欠点を
並べあげた
父曰く
「他人(ヒト)の欠点を見るな
いいか
他人の長所をさがせ」
俺の人生その時から変わった。
昭和二十八年頃　正勝

そして今
世の中は

義理と人情
混ぜ合せ
譲り譲られ
仲よくゆこう

断じて行なえば
鬼神も避く
為せば成る
為さねば成らぬ
成る業を
成らぬと捨つる
人の悲しき

資料篇

【参考文献】

『地方財政と地域経営』小島照男・兼子良夫（八千代出版）
『戦後日本政治ハンドブック　第1巻　占領と戦後政治（一九四五～五四年）』藤本一美・折立昭雄／編著（つなん出版）
『戦後日本政治ハンドブック　第2巻　55年体制の政治（一九五五～六四年）』藤本一美・新谷卓／編著（つなん出版）
日本の財政関係資料　財務省（平成24年9月）
『薩摩の盟友　西郷と大久保の生涯』栗原隆一・斉藤政秋撮影（大陸書房）
『吉田松陰　物語と史蹟をたずねて』徳永真一郎（成美堂出版）
『小説吉田学校　第一部　保守本流』戸川猪佐武（角川文庫）
『上杉鷹山の経営学　危機を乗り切るリーダーの条件』童門冬二（PHP研究所）
『新装版　上杉鷹山に学ぶ財政破綻を救う感動改革!!』本郷陽二（コスモ21）
『国債がわかる本　政府保証の金融ビジネスと債務危機』山田博文（大月書店）
『租税調査会研究報告』（日本公認会計士協会　第13号）

『マッカーサーの時代』マイケル・シャラー／豊島哲訳（恒文社）
『新版　アメリカの鏡・日本』ヘレン・ミアーズ／伊藤延司訳（角川学芸出版）
（昭和二三年発行もマッカーサーによる発売禁止を受けた曰く因縁のついた本である）
『歴史の鉄則　税金が国家の盛衰を決める』渡部昇一（ＰＨＰ研究所）
『ＦＰ５タックスプランニング（平成15年度税制改正等対応）』日本フィナンシャル・プランナーズ協会

著者プロフィール

森下　正勝（もりした　まさかつ）

昭和18（1943）年、横浜市南区生まれ。

昭和41（1966）年、中央大学商学部卒業。卒業後、千代田区神田猿楽町の畳店に見習いに入る。その後、昭和44（1969）年、横浜市の戸塚に本社を移転し、現在、森下和装工業株式会社代表取締役。

平成19（2007）年3月、神奈川大学法学部（夜間）卒業。

Y校硬式野球部（横浜商業）から今日を目指して職人に懸けた「一生」。職人になろうと質実剛健を旨とし誠を尽くす。

主な著書
『改訂版　もう一度つくりなおそう 美しい国日本　消費税を上げなくても社会保障費は抑えられる』（文芸社　2009年）
『マッカーサーの占領政策は本当に日本を再生させたのか　1945年より日本人の心は変えられてしまった』（文芸社　2011年）
『東京維新　国の台所事情をやさしく解説』（文芸社　2014年）
『改訂版　戦後日本の光と影　国家財政論　財務省はいますぐ解体せよ！』（2018年文芸社）

再復刊「借金大国日本」の再生に秘策あり
消費税を３％にすれば国民はよみがえる

2024年11月15日　初版第１刷発行

著　者　森下 正勝
発行者　瓜谷 綱延
発行所　株式会社文芸社
〒160-0022　東京都新宿区新宿1－10－1
電話　03-5369-3060（代表）
03-5369-2299（販売）

印刷所　株式会社フクイン

ISBN978-4-286-26326-7